LE TÉMOIN

Édition: Liette Mercier
Révision: Lise Duquette
Infographie: Andréa Joseph
Correction: Brigitte Lépine

Crédits photographiques
Nous avons fait tous les efforts possibles pour
indiquer correctement la source ou le détenteur des
droits de chaque photo. Les Éditions de l'Homme
s'excusent pour toute erreur ou omission à cet égard.

Légende: (h) haut, (b) bas, (c) centre,
(g) gauche, (d) droite

1-2: Collection personnelle Lino Zambito
3: (h) Sénat du Canada, (c) Tous droits réservés,
(b) Mélanie Colleu/Le Journal de Montréal/
Agence QMI
4: (h) Commission Charbonneau, (b) Collection
personnelle Lino Zambito
5: (h) (c) Jean-Louis Fortin/Le Journal de Montréal/
Agence QMI, (b) Chantal Poirier/Le Journal de
Montréal/Agence QMI
6: (hg) Jacques Pharand/L'Écho de Laval/Agence QMI,
(hd) Ben Pelosse/Le Journal de Montréal/Agence
QMI, (b) Le Journal de Montréal/Agence QMI
7: (h) (cg) TVA Nouvelles/Agence QMI,
(cd) Ben Pelosse/Le Journal de Montréal/Agence
QMI, (b) Archives/Le Journal de Montréal
8: (hg) Stevens LeBlanc/Agence QMI, (hd) Simon
Clark/Le Journal de Québec/Agence QMI,
(c) Chantal Poirier/Le Journal de Montréal/
Agence QMI, (b) Groupe TVA

DISTRIBUTEURS EXCLUSIFS:

Pour le Canada et les États-Unis:
MESSAGERIES ADP inc.*
Téléphone: 450-640-1237
Internet: www.messageries-adp.com
* filiale du Groupe Sogides inc.,
filiale de Québecor Média inc.

Pour la France et les autres pays:
INTERFORUM editis
Téléphone: 33 (0) 1 49 59 11 56/91
Service commandes France Métropolitaine
Téléphone: 33 (0) 2 38 32 71 00
Internet: www.interforum.fr
Service commandes Export – DOM-TOM
Internet: www.interforum.fr
Courriel: cdes-export@interforum.fr

Pour la Suisse:
INTERFORUM editis SUISSE
Téléphone: 41 (0) 26 460 80 60
Internet: www.interforumsuisse.ch
Courriel: office@interforumsuisse.ch
Distributeur: OLF S.A.
Commandes:
Téléphone: 41 (0) 26 467 53 33
Internet: www.olf.ch
Courriel: information@olf.ch

Pour la Belgique et le Luxembourg:
INTERFORUM BENELUX S.A.
Téléphone: 32 (0) 10 42 03 20
Internet: www.interforum.be
Courriel: info@interforum.be

Catalogage avant publication de Bibliothèque et
Archives nationales du Québec et Bibliothèque
et Archives Canada

Zambito, Lino

    Le témoin

    Comprend un index.

    ISBN 978-2-7619-4718-3

    1. Zambito, Lino. 2. Québec (Province).
Commission d'enquête sur l'octroi et la gestion des
contrats publics dans l'industrie de la construction.
3. Contruction - Industrie - Pratiques déloyales - Québec
(Province). 4. Corruption (Politique) - Québec
(Province). 5. Entrepreneurs - Québec (Province) -
Biographies. I. Rivest, Serge. II. Titre.

HD9715.C3Q8 2016   338.4'762409714   C2016-941894-4

11-16

© 2016, Les Éditions de l'Homme,
division du Groupe Sogides inc.,
filiale de Québecor Média inc.
(Montréal, Québec)

Tous droits réservés

Dépôt légal: 2016
Bibliothèque et Archives nationales du Québec

ISBN 978-2-7619-4718-3

Gouvernement du Québec – Programme de crédit
d'impôt pour l'édition de livres – Gestion SODEC –
www.sodec.gouv.qc.ca

L'Éditeur bénéficie du soutien de la Société de développement des entreprises culturelles du Québec
pour son programme d'édition.

Conseil des Arts   Canada Council
du Canada   for the Arts

Nous remercions le Conseil des Arts du Canada de
l'aide accordée à notre programme de publication.

Financé par le gouvernement du Canada
Funded by the Government of Canada   Canadä

Nous reconnaissons l'aide financière du gouvernement du Canada par l'entremise du Fonds du livre du
Canada pour nos activités d'édition.

LINO ZAMBITO
AVEC LA COLLABORATION DE SERGE RIVEST

LE TÉMOIN

LES ÉDITIONS DE
L'HOMME
Une société de Québecor Média

*Il faut rougir de commettre des fautes
et non de les avouer.*

VOLTAIRE

Avant-propos

Le 13 mai 2015, je plaidais coupable à six chefs d'accusation de fraude, de complot et de corruption relatifs à des événements survenus plusieurs années auparavant à Boisbriand, dont j'étais résident et où mon entreprise, Infrabec, avait son siège social. Six mois plus tard, la Cour du Québec me condamnait à deux ans moins un jour à purger dans la collectivité, une peine aux conditions strictes que je subis toujours au moment où cet ouvrage est publié.

Lors des audiences de la Commission d'enquête sur l'octroi et la gestion des contrats publics dans l'industrie de la construction – communément appelée commission Charbonneau –, j'ai exposé en détail ce que je savais du fonctionnement d'un système de collusion et de corruption auquel j'ai moi-même participé. Depuis, je continue de collaborer étroitement avec l'Unité permanente anticorruption, afin de l'éclairer du mieux que je le peux sur tout ce qui concerne le financement des partis politiques.

J'ai avoué mes fautes. J'ai assumé jusqu'au bout les conséquences de mes gestes et les risques qui en découlent. J'en ai payé le gros prix sur le plan financier, personnel et professionnel. Mais je n'ai jamais vraiment donné ma propre version des faits, ma propre vérité sur le long fil des événements que j'ai vécus. Je ne l'ai pas fait complètement devant la commission Charbonneau, qui n'était pas le lieu adéquat pour le faire et où, de toute manière, les choses importantes à mes yeux auraient été noyées dans le reste de mon témoignage. Je ne l'ai pas fait non plus dans une longue entrevue, dont les journalistes auraient tiré les extraits qui leur convenaient. Dans ces conditions, le véhicule le plus approprié demeurait la publication d'un livre où je serais le seul maître du message.

Tout a été dit sur le rôle des entrepreneurs et de certains fonctionnaires dans la corruption qui gangrène l'industrie de la construction depuis trop longtemps. Je n'ai pas l'intention d'en rajouter à ce sujet. Mais tout n'a pas été dit – loin de là – sur la contribution des politiciens à ce qui était un véritable système.

Tout ce que je veux aujourd'hui, c'est que la vérité soit connue. Toute la vérité. Je veux que la population sache à quel niveau se situe la corruption, d'où elle vient et qui en profite. Je vais vider la question. Je vais aller au fond des choses. Et ce ne sera pas agréable pour tout le monde.

CHAPITRE 1

Cattolica

Je suis un immigrant de la deuxième génération, mes grands-parents maternels et paternels ayant quitté l'Italie pour le Canada avec toute leur famille au milieu des années 1950.

Mon grand-père maternel, Alfonso Rizzuto, s'est embarqué, début février 1955, à bord du *Queen Frederica* de la National Hellenic American Line, au port de Palerme. Il était accompagné de son épouse, de sa fille Anna (son autre fille, Giovanna, naîtrait au Canada quelques mois plus tard) et de ses cinq fils, dont Pietro, qui deviendra un entrepreneur renommé et sera, en 1976, le premier Canadien né en Italie à accéder au Sénat du Canada. Une semaine plus tard, le 9 février, ils arrivaient au port d'Halifax. (Ma mère conserve précieusement dans ses souvenirs la carte d'identité d'Immigration Canada dûment contresignée par un représentant des autorités canadiennes à Halifax.)

Ils avaient été précédés, quelques mois auparavant, par un frère de ma grand-mère maternelle, Antonio Lucia, qui était venu en éclaireur à Montréal pour sonder les perspectives d'établissement et les possibilités d'emploi pour les immigrants italiens. Conforté par ce qu'il avait vu, il avait décidé de s'établir dans la métropole, où il a occupé pendant toute sa vie active un poste de col bleu à la Ville de Montréal.

Mon grand-père paternel, Paolo Zambito, a emprunté le même trajet un an plus tard, avec sa femme, son fils Giuseppe – mon père – et sa fille Calogera.

Les deux familles sont originaires de Cattolica Eraclea, un petit village de Sicile que l'actualité québécoise des dernières années a érigé en une sorte de club ferme de la mafia italienne au Canada. Durant toute ma jeunesse, d'ailleurs, mon nom à consonance italienne m'a valu plus que ma part de quolibets reliés à la mafia. Et à plus forte raison quand on savait que du sang de Rizzuto coulait dans mes veines, bien que je ne sois pas apparenté au clan qui a dirigé la mafia montréalaise pendant tant d'années.

Même s'il est difficile de nier que certains effectifs de la mafia montréalaise sont originaires de Cattolica et que la mafia est une réalité bien implantée, en particulier dans le sud de l'Italie, il ne faut pas non plus pousser trop loin les amalgames et croire que tout ce qui vient de ce village est en mission commandée pour le crime organisé.

Car la raison principale pour laquelle mes grands-parents, comme tant de gens, ont quitté Cattolica et d'autres régions d'Italie pour un avenir meilleur est très claire : une pauvreté endémique. Il suffit d'arpenter les rues étroites du village, d'observer ses petites maisons aux murs lézardés, d'apercevoir les fenêtres borgnes qui témoignent, ici et là, de départs sans retour, pour comprendre qu'il ne s'agit pas précisément du lieu de toutes les ambitions. Les deux fois où j'y suis allé – et même si j'adore ce coin de pays où j'ai ai vécu toutes les émotions d'un véritable retour aux sources –, je n'ai jamais pu me défaire de l'impression que Cattolica, comme tant d'autres villages de Sicile, était figé dans le temps.

Dans leur village natal, Alfonso Rizutto était agriculteur et Paolo Zambito transportait des marchandises dans une charrette tirée par des chevaux. Comme c'est le cas dans bien des pays d'Europe – même si ça demeure un peu moins vrai aujourd'hui –, les perspectives d'avancement économique et social sont minces à Cattolica et ailleurs en Italie. Les classes sociales y sont assez imperméables et, si on est fils ou fille d'ouvrier ou d'agriculteur, les chances de grimper dans l'échelle sociale sont plutôt nulles. Les options sont limitées : ou tu restes, sans espoir concret d'améliorer ton sort, ou tu pars à la recherche d'un avenir plus prometteur. Pour mes grands-parents, le choix coulait de source, même s'ils savaient que rien ne leur serait offert sur un plateau d'argent. Ils devraient trimer dur pour se faire une place au soleil.

À quelques mois d'intervalle, les deux familles ont donc quitté Palerme pour aborder à Halifax une semaine plus tard. Mon père avait été malade tout au long de la traversée, au point d'en garder jusqu'à aujourd'hui une intense phobie des voyages en bateau. De la Nouvelle-Écosse, ils avaient ensuite fait le long trajet en train jusqu'à Montréal.

Une fois dans la métropole, mes grands-parents maternels s'installèrent dans un petit appartement de ce qui était alors Ville Saint-Michel, à proximité de l'angle des rues Everett et Bordeaux, où ils demeurèrent quelques années. Mes grands-parents paternels, un an plus tard, emménagèrent aussi dans le même secteur.

Comme la plupart des immigrants, à cette époque, mes deux grands-pères étaient arrivés au pays les mains vides et avec des bouches à nourrir. Le besoin d'argent était pressant, et il était urgent pour eux de se trouver du travail. L'hiver, le Canadien Pacifique embauchait des ouvriers à la journée pour déblayer les voies ferrées lorsqu'il y avait des chutes de neige. L'été, beaucoup d'immigrants se faisaient aussi embaucher par des fermes maraîchères des environs à la récolte de fruits et légumes. Il était assez rare, d'ailleurs, que ces immigrants italiens fraîchement débarqués à Montréal n'occupent qu'un seul emploi. Désireux de s'établir rapidement, de subvenir aux besoins de leurs familles et d'assurer leur sécurité financière, ils étaient constamment à la recherche d'occasions de travailler en effectuant tous les petits boulots qui leur permettaient d'engranger un peu d'argent. Si bien que mes grands-pères, mon père et mes oncles Rizzuto qui étaient en âge de gagner leur pain travaillaient souvent dix-huit à vingt heures par jour. Même mon père, qui était alors âgé de seize ans et qui occupa assez tôt un emploi régulier de tailleur, du lundi au vendredi, dans une entreprise du nord de la ville, se rendait disponible pour des travaux le soir et le samedi afin d'arrondir ses fins de mois.

On imagine facilement l'état de fatigue et même d'épuisement dans lequel ces personnes se trouvaient lorsqu'elles retournaient à la maison à la fin de ces longues journées. Mon père m'a raconté qu'un soir en rentrant du travail, peu de temps après son arrivée au Canada, il s'était assoupi pendant le trajet en autobus et s'était réveillé bien au-delà de l'arrêt où il aurait dû descendre. Complètement perdu dans une ville qu'il connaissait à peine et encore incapable de communiquer correctement en français ou en anglais pour demander son chemin, il avait fini par regagner de peine et de misère le logis de ses parents. S'il rit volontiers aujourd'hui de cette petite mésaventure, le moins qu'on puisse dire, c'est que sur le moment il ne l'avait pas trouvée aussi drôle.

Mais de tous les emplois qui s'offraient, qu'il s'agisse de travail régulier ou à temps partiel, le secteur privilégié des immigrants italiens à cette époque était celui de la construction. Les raisons sont faciles à comprendre. Étant peu instruits et souvent rompus aux travaux manuels, les Italiens débarqués de fraîche date étaient en mesure de s'acquitter de ces tâches et de travailler beaucoup d'heures sans être obligés pour autant, du moins la plupart du temps, de parler français ou anglais. Ainsi, chaque matin, à l'aube, les contremaîtres qui avaient besoin de personnel sur l'un ou l'autre des chantiers de la ville arrivaient à un lieu donné où ceux qui avaient besoin de travailler se rendaient, et c'est souvent de cette façon que le recrutement d'ouvriers de la construction se faisait à cette époque.

***

Mes oncles Rizzuto se sont donc dirigés tout naturellement vers les métiers de la construction, à un moment où ce secteur était en plein essor et allait connaître, dès le début des années 1960, un véritable âge d'or. Les plus gros chantiers de l'époque furent évidemment ceux d'Expo 67 et du métro de Montréal, mais il y eut aussi la réalisation de plusieurs grands projets immobiliers comme la Place Ville-Marie, la Place Bonaventure et la tour de la Bourse. En ce qui concerne les infrastructures de transport, l'autoroute Métropolitaine était toujours en cours de réalisation. Au plan résidentiel, tout juste au nord de Montréal, les 14 municipalités de l'île Jésus – qui allaient être fusionnées en 1965 pour former la ville de Laval – connaissaient une croissance démographique sans précédent qui stimulait aussi la construction domiciliaire et les travaux d'infrastructure qui y sont associés.

C'est dire qu'il y avait à boire et à manger pour beaucoup de monde dans l'industrie de la construction, y compris pour mes oncles Rizzuto qui, le moment venu, décidèrent de lancer leur propre affaire.

Pietro, Giuseppe, Tony et Filippo Rizzuto avaient acquis, depuis leur arrivée à Montréal, une expertise considérable dans une foule de spécialités, à la fois comme ouvriers et gestionnaires de projets. Quant à mon grand-père paternel, Paolo, il avait aussi travaillé pendant quelques années à la Ville de Montréal et chez Donolo Construction, qui était un assez gros joueur de l'industrie à cette époque. Pietro, de son côté, avait rapidement gravi les échelons dans l'entreprise d'asphaltage de rues et de trottoirs qui l'employait, jusqu'à occuper le poste de contremaître. C'est ainsi que, en 1965, les quatre frères (Jean, le plus jeune, était encore aux études et n'était donc pas associé dans l'entreprise) décident de créer leur propre compagnie, Interstate Paving, qui installa ses bureaux rue du Champ-d'Eau à Saint-Léonard. Spécialisée en travaux d'excavation, pavage de rues et de trottoirs et autres projets d'infrastructure, Interstate Paving faisait évidemment face à une concurrence très vive, avec des entreprises solidement établies comme Francon, Miron et Simard-Beaudry qui dominaient alors le marché montréalais. Mais la nouvelle entreprise réussit à décrocher un premier gros contrat d'environ 100 000 $ à l'Université de Montréal et se trouva une niche dans la réalisation de projets domiciliaires à Laval. Petit à petit, elle répondit également à des appels d'offres de la Ville de Montréal et connut par la suite une croissance soutenue, pour employer quelques années plus tard jusqu'à 250 personnes.

Originaires du même village sicilien, mon père et mes oncles Rizzuto se connaissaient de loin et avaient noué des liens à Montréal, jusqu'à devenir de bons amis. C'est par leur intermédiaire, à peu près au moment où démarraient les activités d'Interstate Paving, que mon père avait croisé l'une des deux sœurs Rizzuto, Anna, qui lui était tout de suite tombée dans l'œil. Après de brèves fréquentations, ils se marièrent à l'église Notre-Dame-de-la-Consolata, rue Jean-Talon, le 11 septembre 1965. La réception eut lieu à l'hôtel Skyline (aujourd'hui Crowne Plaza Montréal Aéroport), chemin de la Côte-de-Liesse, accueillant plus d'un millier de personnes à la noce, ce qui était assez grandiose pour l'époque.

Trois ans et demi plus tard, le 3 avril 1969, je faisais mon entrée dans le monde à l'hôpital Sainte-Justine de Montréal.

CHAPITRE 2

Familia

J'ai une vision très claire de mon premier souvenir. On célébrait mon anniversaire, probablement le troisième, car je me rappelle que c'était un week-end et le 3 avril 1972 tombait un lundi ; donc, on avait dû devancer la célébration d'une journée. Le dimanche était le jour de la semaine où, beau temps mauvais temps, toute la famille se retrouvait, oncles, tantes, cousins et cousines, et souvent des amis s'ajoutaient au groupe déjà imposant. Une tempête de neige tardive s'était abattue sur la région de Montréal – le genre où on ne voit ni ciel ni terre –, et c'est la raison pour laquelle mon père n'était pas avec nous, occupé à déblayer le stationnement d'Interstate Paving. Nous l'avions attendu un bon moment avant qu'il arrive finalement à la maison au volant d'une… niveleuse. C'est ainsi qu'il avait fait tout le trajet de Saint-Léonard à Duvernay !

Quand je repense à mon enfance et à mon adolescence, ce sont ces réunions dominicales qui s'imposent spontanément à mon esprit. Lorsque j'étais plus jeune, du vivant de mes deux grands-pères, nous allions dîner chez l'un et souper chez l'autre. Par la suite, cela se passait davantage chez mes parents ou chez mon oncle Pietro, un homme chaleureux qui aimait les gens et adorait recevoir.

Ma mère faisait partie d'une grosse famille tissée serré, dont tous les membres étaient profondément solidaires. Ces valeurs se sont transmises naturellement aux dix-sept cousins et cousines qui en sont issus. L'unité familiale demeure pour nous tous une chose extrêmement importante. Chaque dimanche, tout le monde se retrouvait chez mes oncles Pietro et Antonino, qui demeuraient en face de chez mes parents. Surtout l'été, parce qu'à cette époque ils étaient parmi les rares familles à avoir une piscine creusée dans l'arrière-cour qu'ils partageaient.

J'entends encore dans ma tête la bande sonore de ces réunions familiales : les parties de cartes qui soulevaient les passions, même si les enjeux étaient minimes ; les conversations constamment ponctuées d'exclamations ; les verres de vin autour du barbecue ; les plongeons des enfants dans la piscine. Le simple plaisir d'être ensemble.

Pour les gens de ma famille, tout était matière à tenir une célébration ou à prolonger celle qui était en cours. Je me rappelle qu'il arrivait à mes parents de revenir d'une noce à une heure du matin, accompagnés de mes oncles, de mes tantes et de quelques amis. Tirés du sommeil par le bruit, ma sœur et moi sortions du lit. Il pouvait y avoir une trentaine de personnes dans la maison, en grande conversation animée comme en plein jour. Ma mère cuisinait en vitesse des pâtes *aglio et olio* et la fête reprenait de plus belle, jusqu'au petit matin.

Bien sûr, aujourd'hui, certains de mes oncles sont partis, et les cousins et cousines ont fondé des familles et mènent leur propre vie. Et si les rapports entre nous sont toujours aussi chaleureux, avec le temps, ces traditions de voisinage familial se sont peu à peu estompées et les rencontres se sont espacées de plus en plus. C'est une époque qui me manque, même si nous perpétuons autant que possible la tradition en nous retrouvant en famille au Mexique, dans le complexe hôtelier familial, le Marival, durant la période des fêtes.

De cet univers, de l'exemple constant de mon père et de mes oncles, j'ai retenu un certain nombre de valeurs qui m'habitent encore aujourd'hui : l'attachement et la loyauté à la famille, le respect des aînés et de l'autorité, le sens des priorités. Et le travail. Je voyais ces gens-là tellement tenaces et acharnés, déployer tant d'efforts dans des conditions pas toujours faciles. J'en ai gardé une opiniâtreté, une persévérance à toute épreuve. Quand j'ai un objectif en tête, je suis difficile à arrêter.

**

Pendant toute ma jeunesse, j'ai habité à Laval, rue Tracy, dans le quartier Duvernay. Mes parents n'étaient pas riches, mais nous menions une vie confortable et nous n'avons jamais manqué de quoi que ce soit.

Ma mère était femme au foyer, comme la plupart des femmes de cette époque. Elle correspondait à bien des égards à l'idée qu'on se fait généralement d'une *mamma* italienne typique : douce, dévouée, protectrice des siens, absolument dénuée de malice… et sachant apprêter les pâtes comme pas une. Elle avait profondément à cœur le bien-être de son homme et de ses enfants, mais aussi de ses frères et de sa sœur qu'elle aidait fréquemment. Et encore aujourd'hui, elle voue un attachement sans limite à ses petits-enfants qu'elle cajole et qu'elle gâte. Elle a aussi pris soin de sa mère atteinte de la maladie d'Alzheimer dans les dernières années de sa vie. C'est une femme qui n'élevait jamais la voix, mais elle n'avait pas besoin de le faire, car elle jouissait d'une autorité morale incontestable auprès de tous ceux qui la connaissaient. Quand elle parlait, tout le monde l'écoutait.

Mon père, quant à lui, était un travailleur acharné, mais un homme peu loquace, plutôt renfermé, mais très nerveux intérieurement. Quand il était assis sans rien dire, une intensité dans son regard nous disait qu'il était en pleine réflexion, qu'il y avait dans sa tête un hamster qui faisait tourner sa roue à pleine vitesse. Comme beaucoup de pères de cette génération, il était peu démonstratif. Je ne me rappelle pas qu'il m'ait dit une seule fois qu'il m'aimait, alors que moi-même je le dis à mes enfants au moins une fois par jour. Et pourtant, Dieu sait qu'il nous aimait de tout son cœur et qu'il n'a rien ménagé pour nous lancer dans la vie, ma sœur et moi, sur le bon pied. Mais pour les Italiens de cette époque, qui étaient plus ou moins les héritiers du régime autoritaire de Mussolini, on aurait dit que les épanchements chez un homme étaient un signe de faiblesse. Pour eux, les seules marques d'affection qui pouvaient tenir la route étaient les coups de pied au derrière dont ils vous gratifiaient de temps à autre quand vous aviez fait une coche mal taillée.

Lorsque je suis né, mon père travaillait déjà depuis quelques années comme employé chez Interstate Paving avec ses beaux-frères. Il quittait la maison très tôt, le plus souvent vers 5 h du matin, et revenait tard en soirée. On m'a raconté que, quand j'étais tout petit, il lui arrivait d'appeler ma mère du bureau pour lui demander de me tenir éveillé jusqu'à ce qu'il rentre. Mais, en général, ma sœur et moi ne voyions notre père que le samedi après-midi et le dimanche.

Dès mon plus jeune âge, j'ai été fasciné par l'univers de la construction où évoluaient mon père et mes oncles. J'étais terriblement impressionné par ces immenses véhicules que j'apercevais de loin, quand nous étions en voiture, sur les chantiers qui étaient nombreux à cette époque. Alors que les petits garçons de mon âge s'amusaient avec des camions Tonka ou des pelles mécaniques en plastique, j'avais la possibilité de voir et de toucher ces mastodontes grandeur nature. C'est de là que me vient ma passion pour les métiers de la construction.

J'ai peu de souvenirs de l'époque d'Interstate Paving – qui, en 1975, déménagera ses pénates de Saint-Léonard à Laval et dont le nom sera changé pour Corival (Construction Rizzuto Laval). Mais je me rappelle très précisément les premiers moments de Corival, où mon père était responsable du parc d'équipement, de l'achat et de l'entretien des véhicules et autres fournitures. L'été venu, les jeux de mes camarades, les matchs de soccer, les baignades ne m'intéressaient pas le moins du monde, même par les belles journées de soleil. Tout ce qui me faisait envie, c'était accompagner mon père au bureau et dans sa tournée des chantiers. Si j'avais le malheur de ne pas me réveiller à temps et de m'apercevoir qu'il était parti sans moi, je piquais une crise et je l'appelais pour qu'il revienne me chercher. Même quand je me retrouvais au bureau à simplement passer le balai, j'avais le sentiment très net de faire partie de l'équipe.

Tout naturellement, donc, à partir de l'âge de 14 ans, j'ai travaillé tous les étés dans l'entreprise de mes oncles, dont mes parents, entre-temps, étaient aussi devenus des actionnaires. La première année, j'accompagnais les arpenteurs qui procédaient à diverses mesures sur les chantiers. Puis, à 17 ans, alors que je venais d'obtenir mon permis de conduire, j'ai passé tout l'été dans la carrière de l'entreprise, à conduire un camion hors route de 35 tonnes, à raison de douze heures par jour. Mon père ne voulait pas en entendre parler: le camion n'était pas climatisé et la poussière entrait par les fenêtres baissées. C'était un métier difficile, surtout pendant les canicules de juillet. Mais j'avais tenu mon bout. Pour moi, c'était ni plus ni moins la réalisation d'un rêve – le ti-cul que j'avais été pouvait enfin conduire son propre Tonka – et il n'était pas question de m'en priver.

On aurait dit que plus mon père voulait m'éloigner de ces tâches épuisantes, plus j'étais attiré par tous les aspects du métier. Par la suite, j'ai été affecté à la pesée des camions et, vers l'âge de 19 ans, j'ai travaillé tout un été comme journalier. Plus tard, j'ai été contremaître d'une équipe d'une vingtaine d'ouvriers chargée de l'aménagement des trottoirs. Ces équipes étaient largement composées de travailleurs qui, comme mon père et mes oncles, étaient originaires de Sicile. Si bien que, aujourd'hui, même si je me débrouille assez bien dans la langue italienne, c'est dans le dialecte sicilien que je suis le plus à l'aise.

C'est ainsi que j'ai fait mes classes, que j'ai appris petit à petit comment l'industrie fonctionne au quotidien. Je suis allé à la bonne école, parce que mes oncles étaient des patrons très organisés et que la productivité de leurs équipes était très élevée.

***

J'ai fait toutes mes études en français, de la maternelle à l'université, et c'est une chose dont je suis très fier. Cet attachement à la langue du Québec, je le dois en grande partie à ma mère, qui s'est fait un point d'honneur d'apprendre le français rapidement une fois installée ici, à tel point qu'aujourd'hui encore, même si ce n'est pas sa langue maternelle, elle le parle et l'écrit à la perfection. Mais je le dois aussi à mon oncle Pietro. À peine débarqué d'Italie à l'âge de 20 ans, il s'était inscrit à des cours de français et avait même reçu une médaille du gouvernement du Québec pour la rapidité avec laquelle il était parvenu à maîtriser la langue. Et tout au long de sa vie, que ce soit comme entrepreneur, sénateur ou dans le cadre de ses nombreuses activités philanthropiques, la promotion du français était au cœur de ses engagements.

J'ai fait ma maternelle à l'école Val-des-Arbres (très bien nommée, car sa rue déborde de feuillus), à quelques pas de chez moi. Par la suite, pendant les six années du cours primaire, j'ai fréquenté l'école Saint-Joseph (devenue depuis Augustin-Roscelli), une institution privée catholique dirigée par les Sœurs de l'Immaculée-Conception. Située sur le boulevard de l'Acadie, près de Salaberry, dans le secteur de Cartierville, au nord de Montréal, c'était une toute petite école fréquentée par beaucoup d'enfants de mon quartier, dont plusieurs de mes cousins et cousines. Chaque matin, un autobus privé passait nous cueillir à nos domiciles, traversait la rivière des Prairies jusqu'à l'école et nous ramenait en fin d'après-midi. C'était une école à l'échelle humaine, presque familiale, qui accueillait à peine 400 élèves et dont chaque classe ne comptait pas plus de 25 ou 26 écoliers.

J'ai de très bons souvenirs du cours primaire. J'aimais l'école. Toutes les matières ou à peu près me plaisaient. J'étais premier de classe sans avoir à travailler très fort, mais il faut dire que ma mère me fournissait un encadrement exemplaire dans mes études. J'étais toutefois timide, réservé, effacé. Je pratiquais les mêmes sports que les enfants de mon âge : le soccer et le baseball l'été, le hockey l'hiver. J'étais plus grand et gros que la moyenne, j'avais d'assez bonnes habiletés, mais j'étais un peu paresseux et je n'ai jamais eu l'ambition d'aller loin dans le sport. Je jouais pour m'amuser.

Quand est venu le temps de choisir une école secondaire, il aurait été tout naturel que j'aille au Collège Laval, à quelques minutes de voiture de chez moi. Mais j'avais plutôt formé le projet de fréquenter le collège Jean-de-Brébeuf, situé beaucoup plus loin à Montréal, que j'avais visité dans le cadre d'une journée portes ouvertes quelques mois auparavant. J'avais alors été impressionné par les lieux – presque légendaires dans le monde de l'éducation au Québec –, par la structure massive qui domine la Côte-Sainte-Catherine et, surtout, par le cortège d'anciens qui en sont sortis au fil des ans : Pierre Elliott Trudeau, Robert Bourassa, Hubert Reeves et tant d'autres noms prestigieux. Même à mon époque, Brébeuf était fréquenté par des gens qui sont sortis du rang par la suite, dont Justin Trudeau (que son père venait chercher de temps à autre en décapotable rouge), le propriétaire de salles de cinéma Vincent Guzzo et la regrettée Ève Cournoyer, pour ne nommer que ceux-là. Bref, je savais que c'est à Brébeuf qu'étaient les meilleurs, et c'est là que je voulais aller.

Mon père m'avait bien prévenu qu'il n'allait pas se farcir le trajet quotidien entre Duvernay et Outremont pour me conduire à mes cours. Je serais donc pensionnaire. Cela signifiait que je devrais me plier à une discipline à laquelle je n'étais pas habitué et, surtout, qu'il me faudrait passer mes nuits dans un dortoir au milieu de dizaines d'autres types, et non dans le confort douillet de ma propre chambre.

Les premiers mois de ma vie au collège furent très difficiles, notamment à cause de ma situation de pensionnaire. J'ai vraiment détesté les nuits de dortoir, la promiscuité et surtout la sévérité des surveillants. Il faut dire aussi que la maison me manquait : mes parents, l'atmosphère familiale, la cuisine de ma mère. Je rentrais à Brébeuf le lundi matin (contrairement aux autres pensionnaires qui rentraient le dimanche soir) et je comptais les heures jusqu'au vendredi après-midi, le moment où je pourrais enfin rentrer chez moi à Laval. Finalement, avant le congé des fêtes, je décidai de devenir externe, ce qui m'obligeait à me lever très tôt le matin et à passer environ trois heures par jour dans les transports en commun. Mais, au fil du temps, j'ai réussi à trouver des trucs pour accélérer le trajet. J'appelais le répartiteur de Corival et je lui demandais s'il n'y avait pas un employé qui travaillait dans le voisinage du collège. Très souvent, c'était le cas, et je pouvais rentrer à la maison plus tôt et dans un mode de transport plus confortable.

Mais ce qui a été le plus difficile à accepter, à mon arrivée à Brébeuf, ce sont mes résultats scolaires qui étaient bien en deçà de mes attentes et de celles de mes parents. Au primaire, j'avais beaucoup de facilité à apprendre sans déployer trop d'efforts. Mais je me suis aperçu qu'au secondaire – en particulier à Brébeuf où le programme était très exigeant et où les notes des étudiants étaient tirées vers le bas – c'était une autre histoire. Il ne suffisait plus d'écouter pendant les cours ; il fallait vraiment travailler pour obtenir des résultats. Quand tu arrives dans un lieu où sont réunis les meilleurs de toutes les écoles primaires, tu cesses généralement d'être le meilleur. Je m'en suis rapidement rendu compte. Mes premiers bulletins furent lamentables en comparaison de ce à quoi je m'attendais. Je passais de premier de classe à tout juste la moyenne. J'ai été très ébranlé et j'en ai bavé pendant plusieurs années pour maintenir des résultats acceptables. J'ai dû apprendre la rigueur et la nécessité d'être à son affaire si on veut réussir. Mais il ne m'est jamais venu à l'esprit de changer d'école parce que c'était trop dur. J'ai tenu le coup.

Et ça en valait la peine, car la réputation du collège Jean-de-Brébeuf n'était pas surfaite. Il y avait là une longue tradition d'excellence et de rigueur, et des professeurs d'une grande compétence qui réussissaient à tirer le meilleur de nous. Deux d'entre eux m'ont particulièrement marqué. Notre professeur de mathématiques, M. Tancrède Montpetit, était un homme brillant et attachant dont on soupçonnait tout de suite le génie. Il pouvait expliquer les théorèmes les plus complexes avec une clarté remarquable lorsqu'il était seul avec un étudiant, mais avait beaucoup de difficulté à communiquer devant une classe. Notre professeur d'histoire, André Champagne – aujourd'hui bien connu dans les médias – était d'un autre type. En plus de maîtriser parfaitement sa matière, c'était un provocateur-né, qui aimait bien faire croire aux petits bourgeois choyés et proaméricains que nous étions qu'il était un admirateur inconditionnel de Joseph Staline. Un jour, il nous avait même demandé de nous lever pour chanter l'hymne national soviétique. Tout cela donnait parfois lieu à des échanges assez vigoureux, ce qui était sans doute son intention.

La rigueur s'est un peu relâchée quand je suis entré au cégep, que j'ai aussi fait à Brébeuf. Il n'y a pas beaucoup d'anciens cégépiens qui me contrediront : le cégep est en général une espèce de répit dans le parcours académique, un épisode d'insouciance et de plaisir où on pense plus à s'amuser qu'à toute autre chose. Je faisais partie d'un groupe d'une dizaine d'amis et nous sortions beaucoup ensemble. Nous fréquentions notamment un bar qui s'appelait Chez Swan, rue Prince-Arthur, où s'est installé le Café Campus en 1993.

Au bout de deux ans, je suis sorti du cégep avec quelques bons souvenirs et un diplôme d'études collégiales en sciences humaines, avec l'intention d'entreprendre des études de droit.

CHAPITRE 3

Entrepreneur

Si j'ai eu beaucoup de plaisir pendant mes deux années de cégep, mon insouciance m'a quand même coûté la cote Z qui m'aurait permis d'entrer dans une faculté de droit. Je me trouvais à un tournant de ma vie. J'avais décidé que la fête était terminée et qu'il était temps de redevenir sérieux. J'avais donc choisi, en attendant d'obtenir les prérequis nécessaires à mon entrée en faculté de droit, de faire quelques mineures à droite et à gauche dans des matières qui m'intéressaient. Je me suis d'abord inscrit à une mineure en sciences politiques – un sujet qui m'a toujours beaucoup intéressé – à l'Université d'Ottawa, que j'ai fréquentée pendant un an. J'y passais à peine quatre jours par semaine, arrivant le lundi matin et repartant le jeudi après-midi. J'ai adoré cette brève période, même si mon train de vie était très modeste. J'avais loué une chambre spartiate au YMCA, non loin de la colline du Parlement, et je ne sortais pas beaucoup, sauf pour aller souper de temps à autre avec mon oncle Pietro, qui était déjà sénateur à cette époque.

De retour à Montréal, je me suis inscrit à la faculté de l'éducation permanente de l'Université de Montréal pour entreprendre une mineure en économie. Par la suite, j'ai fait un certificat en droit, qui représentait à mes yeux un tremplin vers le baccalauréat. C'est un moment que j'ai aussi beaucoup aimé, grâce notamment aux excellents professeurs que j'ai croisés au fil des cours, dont Jacques Frémont – qui a présidé par la suite la Commission des droits de la personne et des droits de la jeunesse du Québec et qui est aujourd'hui recteur de l'Université d'Ottawa – et Nicolas Di Iorio, un spécialiste en droit du travail qui est maintenant député de Saint-Léonard-Saint-Michel à la Chambre des communes.

Mais je n'avais pas que les études en tête au cours de cette période. C'est en effet pendant mon certificat en droit – j'avais 21 ans – que j'ai vécu ma première expérience à titre d'entrepreneur. Mon oncle Jean Rizzuto, qui était propriétaire du Marché public 440 à Laval, m'avait proposé d'acheter une brasserie qui logeait dans ce centre commercial et qui battait pas mal de l'aile. Je m'étais trouvé un associé, Tony Messina, et nous avions conclu la transaction. Lui s'occupait des opérations quotidiennes, tandis que j'étais chargé des relations publiques et du marketing. La Brassette 440 fut un franc succès. Chaque midi, une foule de clients – des travailleurs et des employés des commerces environnants – envahissaient l'endroit. Nous avions la brasserie depuis un peu plus d'un an quand un agent nous avait approchés pour savoir si nous étions disposés à vendre. Notre premier réflexe avait été de dire non, puis nous avions accepté de nous en départir avec un bon profit.

Entre-temps, j'avais fait une demande d'inscription en droit à l'Université de Sherbrooke et j'avais été accepté. Alors que je venais d'entreprendre mon bac, à l'âge de 24 ans, j'avais fait l'acquisition – là aussi avec un associé – d'une franchise de Cantel, l'ancêtre de Rogers, spécialisée dans la vente de téléphones cellulaires. Mon partenaire Antonio Di Rubio, qui travaillait depuis plusieurs années dans le domaine de l'électronique, m'avait approché parce qu'il croyait que mes nombreux contacts dans l'industrie de la construction pourraient nous valoir une vaste clientèle. La téléphonie sans fil en était à ses débuts, mais déjà elle remplaçait, sur plusieurs chantiers de construction, les walkies-talkies et autres radios CB. Le cellulaire commençait à percer avec des forfaits plus raisonnables. Le potentiel était donc énorme et j'avais aussi flairé la bonne affaire.

Nous avions installé notre franchise à Montréal-Nord, sur le boulevard Henri-Bourassa près de Pie-IX, dans un petit local d'à peine 600 pieds carrés. Les choses marchaient tellement bien qu'au bout de quelques mois nous avons emménagé dans une superficie beaucoup plus grande – 2500 pieds carrés, ce qui était immense pour un magasin de téléphones cellulaires – située un peu plus au sud, sur Pie-IX, près de la rue Denis-Papin.

Une anecdote au sujet de cette période mérite, selon moi, d'être racontée. Entre autres à cause de sa situation géographique, notre magasin était largement fréquenté par des motards, dont le plus célèbre à l'époque, Mom Boucher, avait déjà un curriculum vitæ assez bien garni en matière de criminalité et avait commencé à faire les manchettes, peu avant de former les Nomads, un groupe affilié aux Hells Angels.

Ma sœur Josée, qui avait 19 ans à l'époque, travaillait à temps partiel au magasin et elle était tombée dans l'œil de Mom, qui l'avait invitée à sortir à quelques reprises. Elle n'était visiblement pas intéressée et, à la fin, excédée par ses avances, elle n'y était pas allée par quatre chemins pour lui faire savoir qu'elle en avait assez.

— Si tu ne me fiches pas la paix, mon frère va s'occuper de toi, lui avait-elle dit.

Évidemment, elle ne connaissait pas le personnage. Elle m'avait simplement dit qu'un type qui fréquentait le magasin la harcelait et je m'étais dit que, si la situation se représentait, je réglerais le problème. Mais j'étais loin de me douter de qui il s'agissait. Même si, à 6 pieds 2 pouces et plus de 200 livres, je suis assez bien constitué, la perspective d'affronter Mom Boucher n'avait rien pour m'enchanter. Un jour où j'étais au magasin, il se pointe sur les lieux et m'aborde en me disant :

— Comme ça, t'es un *tough*, toi ?

— Moi ? Qu'est-ce que j'ai fait ?

— Ta sœur m'a dit que tu me réglerais mon cas.

Contrairement à ma sœur, je savais qui était Mom Boucher et j'étais parfaitement au courant que ce n'était pas le genre de gars qui réglait ses problèmes à mains nues. Même si j'étais plus grand et plus gros que lui, la sueur me coulait dans le dos.

— D'après moi, elle ne sait pas qui tu es, avais-je répondu sans trop savoir quelle serait sa réaction.

Heureusement, il avait pris la chose en riant.

Extrêmement soulagé, mais songeant quand même aux conséquences que l'affaire aurait pu avoir si Mom en avait pris ombrage, je m'étais empressé d'aller trouver ma sœur.

— Sais-tu c'est qui, ce gars-là ?

— Non. C'est qui ?

Je le lui avais expliqué en concluant :

— La prochaine fois que tu m'embarques dans quelque chose, assure-toi de savoir à qui tu parles.

Au bout du compte, mon associé et moi avons gardé notre franchise pendant trois ans, pour la revendre en 1996 à nos employés. Encore une fois, nous avons réalisé un très bon profit sur notre investissement.

Toujours pendant que je poursuivais mes études de droit à Sherbrooke – et avant même que je me départisse de la franchise Cantel – j'ai décidé de lancer un bar-restaurant qui se transformait en discothèque le soir. Le Bogart, qui occupait au Marché public 440 une superficie de 10 000 pieds carrés, était né du fait qu'il manquait de musique disco – un genre musical encore très apprécié à l'époque – dans les discothèques de Laval. J'avais deux associés dans l'entreprise : Steve Romanowski, qui avait déjà géré auparavant deux franchises de La Cage aux Sports, et Olivier Corbeil, un camarade de la faculté de droit avec qui je m'étais lié d'amitié. Notre commerce a été très fréquenté dès le début, mais après six mois mon associé principal – Romanowski – a revendu sa part. J'ai alors embauché un bon gérant qui dirigeait les opérations la semaine, et je prenais le relais le week-end, quand je revenais à Montréal. N'empêche que mes aventures entrepreneuriales nuisaient beaucoup à mes études et, au bout d'un an, c'est mon oncle Jean qui a repris l'affaire.

Mais, peu après, je décidais d'abandonner mes études de droit, pour lesquelles j'avais perdu beaucoup d'intérêt, au point de rater ma deuxième année. Il faut dire que, à ce moment, je trouvais que les cours – qui portaient essentiellement sur la théorie et la philosophie du droit – manquaient de concret à mon goût. De toute façon, même si j'avais toujours souhaité finir mes études et faire mon Barreau, je n'avais jamais vraiment envisagé de pratiquer le droit. Je voyais cela avant tout comme une formation de base qui me serait utile, un outil qui allait m'ouvrir des portes plus tard dans la vie.

Par ailleurs, une autre occasion était sur le point de se présenter.

***

Les deux événements qui ont le plus durablement marqué ma jeunesse sont le décès, à dix ans d'intervalle, de mes oncles Filippo et Pietro.

J'étais très proche de Filippo et de son fils Bobby, qui avait le même âge que moi. Mon oncle était un homme sympathique, toujours souriant, solidement bâti. À l'hiver de 1987, tandis qu'il était avec mes parents au Mexique, il avait montré des signes d'essoufflement. De retour au pays, il avait passé toute une série d'examens à l'hôpital du Sacré-Cœur de Montréal et subi en octobre cinq pontages coronariens. La chirurgie s'était très bien passée, et il avait obtenu son congé au bout de quelques jours. Le 15 décembre suivant, alors qu'il était chez lui à regarder un match de hockey à la télévision, il fut terrassé par une crise cardiaque. Il est mort avant l'arrivée des ambulanciers, qui avaient mis du temps à se rendre parce qu'il faisait tempête ce soir-là. Il avait 44 ans. Et le destin a voulu que 26 ans plus tard, aussi à 44 ans, je subisse moi-même une intervention chirurgicale à cœur ouvert pour corriger une malformation cardiaque. Cette journée-là, je n'ai pas cessé de penser à lui.

En 1997, mon oncle Pietro vivait beaucoup de stress. Certaines divisions de Corival connaissaient des difficultés financières. Des filiales avaient dû être fermées. Orgueilleux comme il l'était, je suis certain que ça le minait énormément. En juillet, quelques semaines avant sa mort, j'avais lunché avec lui et j'avais eu la nette impression qu'il rendait les armes. Je lui avais dit :

— Mon oncle, qu'est-ce qui va se passer ?

— Tu sais, Lino, j'ai 63 ans. Il me reste beaucoup moins de temps à vivre que ce que j'ai vécu. J'ai fait ce que j'avais à faire. Il est temps pour moi de prendre du recul et de me reposer.

Son rêve était de finir sa carrière comme ambassadeur du Canada au Vatican. Sa nomination devait avoir lieu au cours des mois suivants. Mais le 3 août 1997, il mourait d'un AVC et son rêve ne s'est jamais réalisé.

Le décès de ces deux oncles auxquels j'étais très attaché m'a instillé une peur terrible de la mort. Bien que je sois croyant et catholique, je ne peux m'empêcher d'avoir des doutes de temps à autre. La perspective de ne plus voir mes enfants, de ne plus pouvoir profiter des belles journées d'été me remplit d'angoisse chaque fois que j'y pense. Est-ce qu'on fait tout ça pour finir ainsi, dans une grotte au cimetière Notre-Dame-des-Neiges ?

***

Interstate Paving – la compagnie que mes oncles avaient créée en 1965 et où mon père travaillait – avait connu une forte croissance dans les dix années suivant sa fondation. L'équipement prenait de plus en plus de place sur le petit terrain de la rue du Champ-d'Eau à Saint-Léonard et, durant l'été, le personnel pouvait compter jusqu'à 300 employés. En 1975, mes oncles décident donc de déménager l'entreprise à Laval, une ville qui venait tout juste d'être constituée et qui était en plein développement. Ils y avaient acheté un terrain où ils avaient aménagé une carrière de pierres, sur le boulevard Saint-Elzéar. Du même coup, ils avaient aussi changé le nom de l'entreprise pour Corival (Construction Rizzuto Laval).

Quand la compagnie Corival a été créée, mon grand-père Rizzuto en avait donné des parts à ma mère, à mon père, à Jean et à Giovanna – ses deux enfants qui n'étaient pas déjà actionnaires de l'entreprise – et à deux autres personnes. Pendant plus de vingt ans, la compagnie a continué d'être florissante. Mais le décès de mon oncle Pietro sonna du même coup le glas de Corival.

Les actionnaires avaient décidé de liquider Corival et de passer à autre chose. La carrière de pierres avait été vendue à Simard-Beaudry et ils s'étaient aussi départis du reste de l'équipement.

Mon père avait alors 60 ans, et il n'était pas question pour lui de prendre sa retraite. Avec mon oncle Antonino, il avait décidé de créer une autre entreprise de construction à laquelle il avait aussi associé deux de ses amis de l'Ontario qui avaient leur siège social dans la région de Sudbury. C'est ainsi que fut créée Infrabec, à partir de zéro, en 1997. Quand mon père m'a proposé d'aller travailler avec lui dans cette nouvelle entreprise dont je n'étais pas encore actionnaire, c'était pour moi comme un rêve d'enfance qui se réalisait. Je n'étais plus le ti-cul qui jouait à l'adulte en accompagnant son père sur les chantiers. J'étais partie prenante d'une nouvelle aventure dans laquelle j'aurais un rôle important à jouer.

Même si je n'étais pas actionnaire d'Infrabec à cette époque, c'est moi qui m'occupais en grande partie de l'administration de la compagnie, des opérations quotidiennes, de la fermeture des soumissions, et des relations avec les villes et les bureaux d'ingénieurs.

Nous avons loué des bureaux – à peine 1000 pieds carrés – à Laval, sur le boulevard des Laurentides. Nous partions de zéro et nous entendions monter l'affaire à notre rythme, sans brûler les étapes en engageant de trop grosses dépenses. Pour les premiers contrats, nous avons loué l'équipement nécessaire et fait appel à d'anciens employés de Corival.

CHAPITRE 4

Infrabec

Notre premier contrat, à l'été 1998, fut la réfection et la pose d'égouts sanitaires à Sainte-Marthe-sur-le-Lac, sur la Rive-Nord de Montréal, pour une somme de 508 000 $. Par la suite, nous avons exécuté des travaux à Saint-Joseph-du-Lac et dans d'autres municipalités de la Rive-Nord.

Bien avant les débuts d'Infrabec, il était clair que plusieurs marchés étaient hermétiquement fermés. C'était le cas de Laval, où nous savions que nous n'étions pas les bienvenus, notamment parce que mon oncle Jean Rizzuto s'était présenté à la mairie de cette ville contre Gilles Vaillancourt en 1993. L'un des principaux thèmes de sa campagne avait été – ô ironie – la collusion et la corruption qui y régnaient en maîtres, déjà à l'époque, dans l'attribution des contrats de construction. Mais à ce moment, à Laval comme n'importe où au Québec, il n'y avait pas l'ombre d'une volonté policière ni politique de s'attaquer à ce fléau. Nous avions quand même réussi à remporter un appel d'offres à Laval – un contrat d'environ 2 millions $ – mais on nous avait rapidement fait sentir que notre présence n'était pas désirée, c'est le moins qu'on puisse dire. Dans ces conditions, l'entrepreneur qui s'entête à vouloir réaliser le contrat risque de se faire mener la vie dure par la municipalité et, au bout du compte, de perdre beaucoup d'argent. Le directeur général de la Ville, Claude Asselin, avait fait carrément annuler le contrat et, sagement, nous n'avions pas protesté.

Quand Infrabec est arrivé sur le marché, il y avait déjà de la collusion, mais elle ne connaissait pas l'ampleur qu'elle aurait par la suite. Il y en avait de temps à autre, mais pas toujours. Ainsi, en 2000, dans le cas de notre premier contrat à Montréal – un appel d'offres à libre soumission d'un peu plus de 500 000 $ pour la construction d'une conduite d'eau secondaire de la rue Notre-Dame –, nous avions réussi à passer entre les mailles du filet. Mais, au début des années 2000, c'était devenu systématique. Pour chaque contrat, les dés étaient pipés. Car, quand Laval a fermé son marché, les entrepreneurs de la Rive-Sud de Montréal ont voulu interdire le leur à ceux de la Rive-Nord. Ceux de Montréal ont eu le même réflexe, si bien qu'il était très difficile d'avoir du travail si on ne faisait pas partie du système de collusion. Beaucoup d'entrepreneurs n'ont jamais réussi à se faire une place dans un cartel et ils ont ramassé des miettes, parfois un peu de déneigement l'hiver, ou ont simplement fermé boutique. Je ne voulais pas que ça m'arrive.

Pendant plusieurs mois – au moins deux ans, en fait –, Infrabec a bien essayé de jouer le jeu de la concurrence. Toutes les fois qu'un avis de soumission correspondant à notre expertise était publié, nous allions chercher les plans et les devis des appels d'offres. Chaque fois, des concurrents me téléphonaient pour me faire savoir que tel ou tel contrat leur était réservé et que je n'avais pas d'affaire dans leurs plates-bandes. Et si jamais nous obtenions un contrat, nous savions que nous aurions beaucoup de difficultés sur le chantier, que les ingénieurs et surveillants de la Ville – qui étaient de mèche avec le cartel des entrepreneurs, comme il l'a été démontré à la commission Charbonneau – allaient nous mettre des bâtons dans les roues et que les contraintes seraient tellement nombreuses que nous risquions de perdre de l'argent au bout du compte.

* * *

En 2000, Infrabec a donc réalisé un premier contrat à Montréal. C'est dans le cadre de ces travaux que j'ai rencontré pour la première fois Luc Leclerc, qui était l'ingénieur municipal chargé du dossier. Il m'avait alors expliqué, comme je l'ai relaté à la commission Charbonneau, que bien des entrepreneurs n'étaient pas contents que j'aie obtenu ce contrat à titre de plus bas soumissionnaire et qu'il avait pour mission de me faire la vie dure pendant son exécution.

Je savais déjà que la collusion existait, mais c'est à ce moment que j'ai vraiment commencé à comprendre comment les choses se passaient à Montréal. J'ai réalisé de façon très claire que, si je ne réagissais pas rapidement, Infrabec n'était pas promise à un très brillant avenir dans l'univers de la construction.

Je connaissais assez le milieu de la construction pour savoir qui étaient mes concurrents et qui étaient ceux qui faisaient partie du club de collusion, un sujet qui a été abondamment documenté à la commission Charbonneau. Et ce que je savais, surtout, c'est qu'il était inutile de tenter de me mesurer à ces gens-là. Ni moi ni personne. Ou je tentais d'entrer dans le club, ou je fermais boutique. C'était aussi simple que ça. Comme le dit le vieil adage américain : « *If you can't beat them, join them.* » C'est ce que j'ai fait. J'ai communiqué avec un certain nombre d'entre eux en leur expliquant que j'avais besoin de travailler et que je voulais une part du marché. Ça n'a pas fonctionné du premier coup. Il a fallu y mettre le temps, les efforts et toute la ténacité dont je suis capable. Je suis revenu à la charge à plusieurs reprises. Finalement, ils m'ont fait une place à l'intérieur du groupe. Les conditions d'adhésion, qui n'étaient pas négociables et ont été mises en lumière à la commission Charbonneau, étaient simples : un membre du cartel était désigné pour être le plus bas soumissionnaire sur chaque appel d'offres de la Ville de Montréal et, une fois le contrat obtenu, il devait verser une cote de 1 % à l'ingénieur en chef Gilles Surprenant, ainsi qu'un montant (*pizzo*) payé à la mafia correspondant à environ 2,5 % de la valeur du contrat. À cela s'est ajouté à un certain moment, à Montréal, un versement de 3 % de la valeur des contrats au parti du maire Gérald Tremblay, Union Montréal.

Est-ce que ça valait la peine pour moi de me prêter à cette pratique, compte tenu du prix très élevé – humain autant que financier – que j'ai dû payer à la fin ? Sûrement pas. Est-ce que je suis fier de m'être trouvé ainsi dans l'illégalité pendant autant d'années ? Bien sûr que non. Mais comme je l'ai expliqué plus haut, je n'avais pas le choix. Ou j'acceptais de jouer le jeu, ou je ne travaillais pas.

Le monde de la construction à cette époque, au tournant des années 2000, était profondément malade, mais peu de gens le réalisaient. À tel point que, même si nous savions que ce que nous faisions était illégal, nous nous en apercevions à peine. C'était devenu une routine, un état de choses normal. C'était un système établi que personne ne songeait à remettre en question parce que tout le monde y trouvait son compte… sauf les citoyens.

Car en participant au système de collusion, on n'obtenait pas seulement l'avantage d'avoir régulièrement des contrats. Il y avait aussi la possibilité d'exiger des paiements

supplémentaires pour des travaux ou du matériel addition-
nels, bref, des extras bidon qui faisaient gonfler encore davantage le coût des travaux. Tout le monde était complice : les
entrepreneurs, bien entendu, mais aussi les bureaux d'ingénieurs, les surveillants de chantiers, les ingénieurs municipaux. Tout le monde avait la main dans le pot de biscuits. Si
bien qu'à Montréal, Gilles Surprenant gonflait délibérément
les estimations des travaux, notamment parce qu'il y avait
beaucoup de maillons à graisser dans la chaîne alimentaire.
À cette époque, les entrepreneurs réalisaient des profits qui
atteignaient facilement 30 à 35 %, alors que dans les années
de forte concurrence, les marges de profit s'établissaient à
environ 3 %. C'est dire à quel point la gangrène s'était mise
dans le corps malade qu'était devenue l'industrie de la
construction. Personne ne se doutait que, à force de se gonfler, la bulle allait finir par éclater.

***

À partir du moment où j'ai été accepté dans le réseau, ma
compagnie n'a pas manqué de travail. Peu après, nous avions
un premier contrat truqué : la Ville nous confiait des travaux
de reconstruction d'un égout et d'une conduite d'eau secondaire dans la Cité du Multimédia. À intervalles réguliers,
Infrabec obtenait des contrats à Montréal, en particulier dans
les travaux d'aqueducs, d'égouts, de pose de tuyaux et de
terrassement.

La plupart des contrats étaient truqués en vertu de l'entente de collusion, mais il arrivait que des appels d'offres
soient soumis à la libre concurrence, et nous en avions rem-
porté quelques-uns. Ainsi, le premier gros contrat d'Infrabec,

en 2004, touchait l'aménagement d'un bassin de rétention sur le boulevard Perras à Rivière-des-Prairies. Il s'agissait non pas d'un plan de la ville – comme c'était généralement le cas –, mais d'un appel d'offres avec demande de proposition. Le projet était d'une valeur de 13 millions $ et nous avions réalisé un profit d'un peu plus de 10 %. Vers 2005, nous avions aussi obtenu un contrat à la libre concurrence pour installer un collecteur sous la rue Sherbrooke, dans l'arrondissement Pointe-aux-Trembles. Sauf que la Ville – comme je l'ai souligné dans mon témoignage à la Commission – nous avait imposé, plutôt que de couler les tuyaux sur place, de prendre des tuyaux préfabriqués, achetés de la compagnie Tremca. Le directeur général de la Ville, Robert Abdallah, avait alors reçu 300 000 $ du fournisseur en retour de ses bons offices.

Infrabec avait réalisé un autre projet d'ampleur – 13 millions $ – dans ces années-là, cette fois pour le compte du ministère des Transports du Québec, pour la construction à la hauteur de Mirabel d'un échangeur routier vers l'usine de Bombardier et la construction d'un nouveau tronçon de l'autoroute 50 en direction est.

Ce ne sont là que quelques exemples et je pourrais en évoquer bien d'autres. Mais l'important à mes yeux – au-delà de tout ce qui s'est passé par la suite –, c'est que je suis très fier de la qualité des travaux que nous avons réalisés au cours de ces années. Nous avions de bonnes équipes et notre principale force résidait dans le fait que nous étions particulièrement bien organisés, comme l'avaient été mes oncles lorsqu'ils dirigeaient Corival. Mon père et moi passions chaque jour de longues heures sur le terrain, afin de nous assurer que les choses tournaient rondement et que les gars ne manquaient de rien pour bien accomplir leur travail. Avoir des gens compétents et être concentré sur les tâches à réaliser, c'est le secret essentiel de la réussite.

Mais pour y parvenir, il ne faut surtout pas compter ses heures. Dans les années les plus actives d'Infrabec, j'arrivais généralement au bureau à 5 h du matin. Dès 5 h 30, les employés commençaient à se présenter pour préparer leur équipement et se rendre à bord de leur camion. Avec le surintendant, je m'assurais que les équipes avaient tout ce dont elles avaient besoin pour être sur leurs chantiers dès 7 h, au moment où les travaux devaient démarrer. La gestion de chantier est, dans une large mesure, une affaire de logistique et d'organisation. Nous devions souvent prendre rapidement des décisions qui pouvaient se traduire en dépenses de plusieurs milliers de dollars. Par exemple, s'il y avait risque de pluie, il fallait vite déterminer si nous allions envoyer les équipes sur les chantiers. Si nous leur donnions le feu vert et que la pluie se mettait à tomber une demi-heure plus tard, il fallait payer quatre heures de travail à tout le monde. À l'inverse, si nous décidions de les renvoyer chez eux et que le temps revenait au beau fixe, nous n'avions pas l'air très intelligents aux yeux de notre client.

De 6 h 30 à 8 h, je montais à mon bureau pour m'occuper de ce que j'appelais la paperasse : soumissions, comptes payables, facturation, etc. Entre 8 h 30 et 11 h 30, je faisais la tournée de quelques chantiers, mon cellulaire toujours à portée de la main. Quand le téléphone sonne, c'est rarement parce que les choses vont bien. Quand on dirige une entreprise de construction, il y a presque toujours des urgences, des problèmes à régler, des feux à éteindre.

Souvent, je profitais de l'heure du lunch pour rencontrer les ingénieurs, assurer le dépôt et la fermeture des soumissions.

En après-midi, nouvelle tournée des chantiers. Je rentrais au bureau vers 15 h pour une réunion avec le surintendant afin d'organiser la journée du lendemain et de nous assurer de maximiser le capital humain et les équipements.

Ce que j'ai le plus aimé – et de très loin – dans ma vie d'entrepreneur en construction, c'est la tournée des chantiers. Il y a quelque chose d'exaltant dans cette atmosphère de ruche, dans le fait de voir les travaux rouler rondement, de voir un projet prendre forme et progresser jour après jour, de voir vos équipes tirer de la fierté d'un travail bien fait. Et même quand il y a quelques pépins – car il y en a toujours –, les poussées d'adrénaline qu'ils provoquent, la pression de régler rapidement un problème vous donnent le sentiment d'être vivant, d'être au cœur de l'action.

Malheureusement, au fur et à mesure qu'une entreprise prend de l'envergure, ses dirigeants consacrent inévitablement moins de temps et d'énergie à l'action sur le terrain. Je n'ai pas échappé à cette règle. J'étais de plus en plus sollicité pour participer à des activités qui relevaient bien davantage des relations publiques que des métiers de la construction. Cependant, il était très difficile de m'y soustraire. Réceptions, tournois de golf, lunchs d'affaires, cocktails politiques dont plusieurs que j'ai organisés moi-même et d'autres qui l'étaient par des firmes d'ingénieurs. Ce sont ces dernières qui, très souvent, obtenaient les contrats municipaux, effectuaient la surveillance des chantiers et réglaient les faux extras dont j'ai parlé plus haut. Ces activités se succédaient à un rythme d'enfer. Je me souviens d'une semaine, entre autres, où j'ai assisté à des activités de financement pour chacun des trois principaux partis politiques québécois de l'époque, soit le Parti libéral, le Parti québécois et l'Action démocratique du Québec.

Qu'on ne se méprenne pas : j'aime la politique. Je m'y suis toujours intéressé comme citoyen. À l'échelle municipale, j'ai travaillé en 1989 pour Jean-Paul Théorêt, qui se présentait alors à la mairie de Laval contre Gilles Vaillancourt. Quatre ans plus tard, je me suis aussi engagé auprès de mon oncle Jean Rizzuto dans sa campagne électorale. En 1990, à Calgary, j'ai été délégué au congrès au leadership qui avait élu Jean Chrétien comme chef du Parti libéral du Canada. Et en 1993, à Ottawa, j'ai été observateur au congrès au leadership qui avait élu Kim Campbell à la direction du Parti conservateur du Canada.

Mais désormais, c'était autre chose. Il ne s'agissait plus de convictions, mais d'intérêts. En plus, ça prenait énormément de mon temps et de mes énergies, sans compter les activités de sollicitation qu'il m'arrivait souvent de mener. Les soirs où j'assistais à ces cocktails de financement ou à d'autres activités reliées à la politique, je rentrais rarement à la maison avant 19 h ou 20 h, parfois même beaucoup plus tard. Au début, je trouvais cela amusant, tout le *glamour* qui entoure la politique, mais à la fin c'était devenu extrêmement lourd.

Je n'apprendrai rien à personne en disant que la vie d'entrepreneur en construction – et d'entrepreneur dans quelque domaine que ce soit, en fait – génère du stress. De grosses sommes d'argent sont impliquées, et il y a toujours le risque de se planter sur un contrat et d'en subir les conséquences. Si bien que ma vie de famille n'a pas été la seule victime de ce tourbillon d'activités. Ma santé a aussi été sérieusement mise à mal durant cette période, même si à l'époque je n'avais pas encore franchi le cap de la quarantaine.

***

À l'été de 2002, j'ai commencé à ressentir de violentes douleurs dans la région de l'abdomen, surtout après les repas. Les examens ont révélé que je souffrais d'une diverticulite au côlon. Les médicaments prescrits pour me soulager n'ayant pas eu d'effet, j'ai subi une intervention par arthroscopie l'automne suivant à la Cité de la santé de Laval. À peine une dizaine de jours plus tard, je suis de nouveau en proie à des douleurs intolérables au bas de l'abdomen. Je me précipite à l'urgence de l'hôpital, convaincu qu'il s'agit d'une récidive de la diverticulite. Cette fois, c'était plutôt une appendicite. J'ai été opéré d'urgence le jour même pour l'ablation de l'appendice. Deux interventions en dix jours !

Au cours des quatre années suivantes, ces inflammations de mes diverticules ont continué de se manifester avec une intensité variable. Finalement, à l'automne de 2006, j'ai consulté le Dr Julio Faria de l'Hôpital général juif de Montréal, par l'intermédiaire de mon beau-frère qui le connaissait bien. En février 2007, c'est lui qui m'a retiré une partie du côlon, réglant ainsi définitivement le problème – c'est du moins ce que j'espère.

Le médecin m'avait prescrit deux mois de repos complet et j'avais bien l'intention de respecter sa consigne. Mais quelques semaines plus tard, le 18 mars, alors qu'une de mes équipes travaillait à Terrebonne aux abords du vieux pont, une pelle mécanique se renversait dans la rivière des Mille-Îles, causant le décès d'un de mes employés, Frédéric Jean, âgé de 35 ans. Cet événement terrible m'a évidemment forcé à mettre fin à ma convalescence.

***

C'est d'abord comme citoyen que je me suis installé à Boisbriand en 1998. L'année précédente, j'avais rencontré celle qui allait être ma conjointe pendant douze ans et, en 1999, nous emménagions ensemble dans le condo que j'avais acheté dans cette ville. Ensemble, nous avons eu trois enfants qui font toujours notre fierté : John, né en 2000, William, né en 2003, et Kate, née en 2007.

C'est au printemps de 2003 que j'ai établi le siège social d'Infrabec à Boisbriand. Le terrain que nous occupions à Laval depuis la création de l'entreprise était devenu trop petit pour nos besoins. Nous désirions avoir un plus grand bureau, un garage pour effectuer les travaux mécaniques, ainsi qu'une cour pour stationner les véhicules et une partie de l'équipement. Avec l'aide d'un commissaire industriel, nous avions trouvé un bout de terrain à proximité des autoroutes 15 et 640, à l'arrière du site de l'ancienne usine de General Motors. L'année précédente, mon oncle Antonino avait pris sa retraite et j'avais racheté ses parts de l'entreprise.

Quand une entreprise s'installe dans une municipalité – à plus forte raison si le patron y vit –, elle s'attend à y travailler et les choses n'ont pas tardé. Infrabec a rapidement obtenu un contrat sur le chemin de la Grande-Côte, en sous-traitance pour ABC Rive-Nord, un assez gros entrepreneur du coin. Nous avons ensuite procédé à l'aménagement d'une piscine municipale, en partenariat avec le Groupe Séguin, ainsi que des travaux de réfection sur le boulevard du Curé-Boivin. Ce projet avait été réalisé en collaboration avec le Groupe Roche, et c'est à cette occasion que j'ai rencontré Gilles Cloutier et France Michaud, dont j'évoquerai à nouveau les noms plus loin dans ce livre. Par la suite, les mandats se sont multipliés parce que nous avions l'expertise nécessaire pour les réaliser et parce qu'être sur place nous favorisait au plan logistique.

Il s'est dit et écrit beaucoup de choses sur le fait que je régnais supposément en roi et maître sur Boisbriand durant les années 2000 et qu'Infrabec raflait la majeure partie des contrats municipaux au cours de cette période. Ceux qui disent cela oublient – ou feignent d'oublier – que l'immense majorité de ces contrats ont été accordés par voie d'appel d'offres au plus bas soumissionnaire. Du reste, les fonctionnaires du service de l'ingénierie de la ville de Boisbriand – contrairement à la plupart de ceux de Montréal – étaient d'une compétence, d'une rigueur et d'une intégrité exemplaires. Même quand ils autorisaient des extras dans le cadre d'un contrat, ils négociaient toujours à la baisse.

En 2007, nos deux associés ontariens, qui ne voyaient plus du même œil que nous le développement d'Infrabec, avaient retiré leurs billes. C'est le mari de ma sœur, Peter Lashchuk, qui était entré dans l'actionnariat de la compagnie comme associé silencieux. Son investissement nous donnait la stabilité dont nous avions besoin après le départ des associés de l'Ontario.

La même année, Infrabec obtenait le plus gros contrat de son histoire : 28 millions $ pour l'agrandissement de l'usine d'épuration de Boisbriand.

Il y a beaucoup à dire sur certains politiciens de Boisbriand, et pas nécessairement des choses très agréables.

CHAPITRE 5

Boisbriand

La Rive-Nord de Montréal est, depuis déjà plusieurs années, la région championne de la croissance démographique au Québec. D'emblée, cela implique des investissements massifs en infrastructures municipales et en projets immobiliers, qu'ils soient domiciliaires, commerciaux ou industriels. Autrement dit, il y a de l'argent à faire pour les entrepreneurs en construction, les firmes de génie, les cabinets de notaires et d'avocats… et les élus municipaux à la recherche de faveurs, privilèges, pots-de-vin et autres types de compensation.

Boisbriand, comme du reste beaucoup d'autres municipalités de la région, est une ville sur laquelle une odeur de scandale a toujours flotté depuis de nombreuses années. D'un côté, des firmes d'ingénieurs, des cabinets d'avocats et des entrepreneurs en guerre les uns contre les autres pour obtenir la faveur des élus ; de l'autre, des élus qui eux-mêmes comptaient sur tous ces gens pour financer leurs campagnes électorales.

Michel Gagné, qui a été maire de la ville de 1982 à 1994, avait dû démissionner à la suite d'accusations d'abus de confiance relatives à l'achat de terrains et à un règlement de zonage.

En juillet 2005, c'est au tour de Robert Poirier – qui était maire depuis 1998 – de quitter abruptement son poste, à la suite d'allégations de tentative d'extorsion. Un homme d'affaires, Jean-Guy Mathers, qui réclamait un changement de zonage afin d'agrandir la carrière de pierres qu'il exploitait à Saint-Eustache, prétendait que Poirier avait exigé un avantage en échange d'une telle modification au zonage de Boisbriand.

C'est ainsi que Sylvie St-Jean, jusqu'alors conseillère municipale, devient mairesse intérimaire et sera élue aux élections de novembre 2005.

Toutes ces démissions forcées ne sont pas arrivées par hasard. Elles ont été dans une très grande part le résultat de coups montés qui témoignent de la guerre sans merci que se livrent des clans assoiffés de pouvoir et d'argent. Au cœur de ces clans, on retrouve surtout des bureaux d'ingénieurs et des cabinets d'avocats à la recherche de mandats payants, comme certains témoignages à la commission Charbonneau l'ont amplement démontré. Les bureaux d'ingénieurs et les cabinets d'avocats s'alignent derrière un candidat à la mairie, défraient une grande partie de ses dépenses électorales et, quand celui-ci gagne, ils récoltent les fruits de leur appui sous forme de contrats et de mandats. C'est vrai à Boisbriand, mais ce l'est aussi dans beaucoup d'autres municipalités de la Rive-Nord de Montréal et du reste du Québec.

La démission de Robert Poirier, qui était devenu maire l'année où je m'étais fixé à Boisbriand avec ma famille, m'avait attristé. C'était un maire proactif, qui faisait bouger les choses. Il avait réalisé des projets intéressants pour sa ville. Mais, du coup, l'histoire de Robert Poirier m'avait fait descendre de mon petit nuage. Jusqu'alors, je faisais confiance d'emblée aux gens. Même si je n'ai jamais prétendu être un ange, je croyais que la malice était une chose qui n'existait pas vraiment. L'idée qu'on puisse vouloir détruire quelqu'un par goût du pouvoir ou appât du gain m'était complètement étrangère. Quelques années plus tard, j'allais goûter moi aussi à cette médecine amère.

***

Je connaissais Sylvie St-Jean depuis 1998 puisque, jusqu'au moment où elle est devenue mairesse par intérim, elle était conseillère du quartier où j'habitais. J'avais des relations cordiales avec elle, mais sans plus.

La démission de Robert Poirier avait fait éclater son parti, Solidarité Boisbriand, principalement parce que deux candidats briguaient sa succession et que le perdant, Pierre-Marc Gendron, et ses partisans – la mairesse actuelle Marlène Cordato et le conseiller Robert Frégeau – n'avaient pas digéré leur défaite et avaient décidé de créer leur propre parti. Les bureaux d'ingénieurs qui appuyaient le parti avaient joué un rôle important dans le choix de St-Jean, croyant que l'organisateur en chef Jean-Guy Gagnon – aujourd'hui décédé – aurait plus de facilité à la contrôler que Gendron.

Au cours de l'été précédant les élections, j'avais financé un sondage pour le compte de Robert Poirier, qui songeait à se présenter de nouveau. À ce moment, aucune accusation n'avait encore été portée contre lui, mais le dossier n'était pas fermé. Malgré des résultats assez positifs, il avait évalué que le risque était trop grand et avait renoncé à sa candidature.

Sylvie St-Jean et Pierre-Marc Gendron avaient tous deux sollicité mon appui en vue des élections de l'automne, mais j'avais décidé de rester neutre. Au cours de la campagne électorale, j'avais assisté à des événements des deux candidats et financé les deux partis à hauteur de 10 000 $ chacun. Mais dans le camp de Gendron, on me soupçonnait fortement d'appuyer St-Jean.

Le soir des élections, St-Jean remporte la mairie par une marge confortable de 700 voix, mais seulement trois de ses huit candidats sont élus au conseil. Elle est donc minoritaire, le parti de Gendron détenant la majorité des sièges de conseiller. Systématiquement, l'opposition vote contre la plupart de ses projets. C'est une longue guerre de tranchées qui commence.

Dès lors, Pierre-Marc Gendron se considère pratiquement comme le véritable maire de Boisbriand et ne met pas trop de temps à se comporter à l'avenant. Quelques semaines après les élections, alors que les premiers contrats d'infrastructure de la nouvelle administration étaient sur le point d'être attribués, il me donne rendez-vous dans un restaurant de Laval, L'Unique. Il s'y présente accompagné de Bernard Brunet, un fournisseur de tuyaux dont j'étais un important client et qui l'avait embauché après sa défaite électorale.

D'entrée de jeu, Gendron me demande carrément de me tasser du contrat Terrasse Robert, un projet d'aqueduc, d'égout et de fondation de rue d'une valeur d'environ 3 millions $. Je me souviens de ses paroles comme si c'était hier.

— Je t'avais demandé de m'aider pendant la campagne et t'as refusé.

— J'ai pas appuyé un bord plus que l'autre. Je suis resté neutre.

— On sait tous que t'es derrière Sylvie St-Jean. Nous, on est majoritaires au conseil de ville et on veut que le premier contrat aille à un entrepreneur qui nous a soutenus pendant la campagne.

Je l'ai alors regardé droit dans les yeux et je lui ai dit:

— J'aimerais ça que tu me répètes de me tasser.

Je l'ai senti hésiter, puis il m'a dit:

— On va te revenir là-dessus.

— Écoute-moi bien. Toi, t'es un candidat défait et tu penses gérer l'hôtel de ville à ta façon. Oui, t'as une majorité au conseil, mais tu te mêles de choses qui te regardent pas. Si t'as le culot de venir me dire en pleine face de me tasser et de laisser la job à quelqu'un d'autre, fais-le. Mais je peux te garantir que tu vas en baver pendant les quatre ou cinq prochaines années. C'est sûr que c'est pas toi qui vas me dicter ma conduite.

À mesure que la conversation progressait, je sentais bien que Bernard Brunet était de moins en moins à l'aise. Je lui achetais chaque année pour plusieurs dizaines de milliers de dollars de matériaux et, outre ce fait, il avait suffisamment d'expérience pour savoir que Gendron allait trop loin.

Une dizaine de jours plus tard, c'est d'ailleurs Bernard Brunet qui m'appelait pour me dire : « On se mêlera pas de vos affaires d'entrepreneurs. »

Mais des bruits n'en commençaient pas moins à courir sur Gendron. Des gens de certains bureaux d'ingénieurs – dont Dessau et Genivar – m'appelaient pour me dire : « Ça n'a pas d'allure ! Gendron se comporte comme si la ville lui appartenait. Il vient à nos bureaux et nous demande des enveloppes en nous disant que si nous voulons avoir des mandats de la Ville de Boisbriand, ça va coûter tant. » Les gens de son parti étaient d'autant plus mal à l'aise face à ces rumeurs persistantes que Pierre-Marc Gendron n'occupait officiellement aucun poste à l'hôtel de ville. Il n'était que le candidat défait d'un parti qui était majoritaire. La chicane risquait de s'installer dans le parti, qui a décidé de l'expulser de ses rangs. C'est alors que Marlène Cordato en a pris les rênes.

Mais déjà, certains membres du parti de Gendron étaient gênés d'être à ses côtés au conseil municipal. L'un d'entre eux, le conseiller de longue date Robert Frégeau, s'en était ouvert à moi. Notaire de son état, Frégeau siégeait au conseil depuis 1982. D'abord associé à Solidarité Boisbriand, il avait quitté le parti en même temps que Pierre-Marc Gendron et Marlène Cordato, quand Sylvie St-Jean en avait pris la direction.

— Je ne suis plus à l'aise dans cette formation, m'a-t-il confié à cette époque. Mais je ne sais pas trop quoi faire.

— T'étais dans l'équipe de Poirier, maintenant t'es avec Gendron. Si tu retournes dans le parti de St-Jean, t'auras l'air d'une girouette pas à peu près. Le meilleur conseil que je peux te donner, c'est de siéger comme indépendant. En fin de compte, tu voteras à la pièce, selon l'intérêt des citoyens de Boisbriand. Et tu auras la balance du pouvoir.

Effectivement, le Ralliement des citoyens de Marlène Cordato ne pouvait plus compter que sur quatre conseillers sur huit, ce qui signifiait que chaque fois que Frégeau voterait du côté de la mairesse St-Jean, celle-ci pourrait se prévaloir de son vote prépondérant pour faire pencher la balance.

Frégeau suivit donc mon conseil et modifia considérablement le rapport de force à l'hôtel de ville. Et si ça ne faisait pas l'affaire de Cordato, ça ne faisait pas non plus celle de St-Jean. Car il s'avéra très rapidement que son équipe et le nouveau conseiller indépendant étaient incapables de s'entendre. Il faut dire que, dès le départ, Frégeau voulait prendre beaucoup de place, réclamant la présidence du Comité des travaux publics, ce dont St-Jean ne voulait pas entendre parler.

Il n'y avait pas que la mairesse et la chef de l'opposition qui trouvaient que Frégeau jouissait d'un pouvoir démesuré. Les bureaux d'ingénieurs et les cabinets d'avocats qui obtenaient leurs mandats par résolution du conseil s'inquiétaient aussi.

C'est ainsi qu'au début de l'année 2006, une rencontre est organisée entre les deux partis municipaux dans l'espoir de couper l'herbe sous le pied de Frégeau en trouvant un moyen de lui enlever la balance du pouvoir dont il dispose. Y assistent, d'une part, Sylvie St-Jean, ses conseillers municipaux et son organisateur Claude Brière – un ancien conseiller municipal qui travaillait alors chez BPR-Triax – et, d'autre part, les conseillers de l'opposition Marlène Cordato et Patrick Thifault. Ensemble, ils se mettent d'accord sur un partage des contrats et des mandats accordés par la Ville de Boisbriand aux firmes de services professionnels. C'est dire que ces contrats allaient désormais être accordés en alternance aux ingénieurs et avocats qui appuyaient le parti de St-Jean et à ceux qui appuyaient le parti de Cordato. Il s'agissait, en un mot comme en cent, d'une véritable entente de collusion.

Lorsque Sylvie St-Jean a plaidé coupable en février 2014 à des accusations de fraude, de complot pour fraude, d'abus de confiance et de complot pour abus de confiance, elle a signé une déclaration de faits conjoints avec la Couronne dans laquelle il était écrit noir sur blanc qu'il y avait eu une entente de partage de mandats entre la mairesse et la chef de l'opposition Marlène Cordato. Cette déclaration a été signée par les procureurs de la Couronne et entérinée par un juge. Cordato, qui avait elle-même porté plainte à la Sûreté du Québec à deux semaines d'une élection où tous les sondages la donnaient perdante, a sans doute conclu une entente avec l'escouade Marteau pour ne pas être accusée. On n'a pas porté d'accusations contre elle, en échange de son témoignage. Jusque-là, ça va. Mais qu'une personne qui s'est livrée à la collusion et qui a donné des mandats à ses amis ait eu le droit de se présenter à un poste électif, et demeure encore aujourd'hui mairesse d'une ville, me dégoûte profondément. Au moins la moitié des accusations portées contre Sylvie St-Jean auraient dû l'être aussi contre Marlène Cordato. Je suis scandalisé par cette situation.

J'ai commis des actes répréhensibles. J'ai plaidé coupable. J'ai assumé les conséquences de mes gestes et j'ai dénoncé des situations inacceptables. Que quelqu'un qui a fait la même chose demeure à la tête d'une ville me laisse absolument pantois.

Si le ménage doit être fait dans nos villes à l'égard de la corruption, il doit être fait correctement et au complet. Le problème, c'est que les gestes de Marlène Cordato sont passés sous le radar des journalistes, pour qui la corruption à Montréal et à Laval était beaucoup plus «sexy» sur le plan de la nouvelle.

Encore aujourd'hui, une portion importante de la population croit que la collusion et la corruption dans l'industrie de la construction sont uniquement le fait d'entrepreneurs véreux qui ont profité du système. Mais la réalité – que n'a démontrée qu'en partie la commission Charbonneau –, c'est que le système englobait aussi les firmes d'ingénieurs, les cabinets d'avocats, certains fonctionnaires et les partis politiques qui se sont graissé la patte aux dépens de la population.

***

L'entente de collusion entre les deux partis a duré moins d'un an. En cours de route, St-Jean a réussi à attirer dans son parti deux conseillers de Cordato, soit Louise Lemay et Louise Gauthier, obtenant ainsi la majorité au conseil qui lui avait si cruellement fait défaut au début de son mandat. Elle n'avait plus besoin de Cordato, dont le parti ne comptait plus que deux conseillers : elle-même et Patrick Thifault. Ainsi va la politique municipale à Boisbriand : les loyautés sont fragiles et sensibles au vent.

Sylvie St-Jean envoie donc promener Cordato et rompt l'entente qu'elle avait conclue avec elle. C'est à ce moment que le projet d'usine d'épuration de Boisbriand fait surface.

En juillet 2005, juste avant d'être forcé de quitter son poste, le maire Robert Poirier avait annoncé un projet de réfection de l'usine d'épuration au coût de 20 millions $ pour la Ville. Il s'agissait à la fois de corriger certains problèmes techniques et d'augmenter la capacité de traitement de l'usine pour qu'elle puisse répondre à la nouvelle demande suscitée notamment par le développement du Faubourg Boisbriand, sur le site de l'ancienne usine de GM. En fin de compte, le projet de mise à niveau a été abandonné au profit d'un agrandissement de l'usine, ce qui faisait passer la note de 20 millions $ à 28 millions $. C'est ce qui a fait dire à bien des personnes mal intentionnées – en particulier des gens du clan Cordato – que le coût du projet avait été gonflé parce que je m'en étais mis plein les poches. En réalité, il s'agissait de deux projets complètement différents, et ni moi ni Infrabec n'avons reçu la moindre accusation en lien avec l'usine d'épuration.

Marlène Cordato et son parti étaient résolument opposés au projet d'usine d'épuration et prenaient fait et cause pour l'aménagement d'étangs aérés qui aurait nécessité un trajet de plusieurs kilomètres de tuyaux, de ces étangs à l'usine. Il se trouve – ô hasard – qu'un de leurs plus ardents partisans, Bernard Brunet, était précisément un vendeur de tuyaux. C'est la clé de leur opposition au projet d'usine. Entre-temps, Pierre-Marc Gendron – expulsé officiellement du parti de

Cordato, mais qui continuait quand même d'y avoir ses entrées – avait quitté la compagnie de Brunet pour aller travailler chez Hyprescon, une entreprise de Tony Accurso spécialisée dans la fabrication de tuyaux. Ces gens-là étaient visiblement convaincus que le projet d'usine ne se concrétiserait pas.

***

Au début de 2009, Sylvie St-Jean entre en contact avec moi pour que je lui donne un coup de main en vue des élections qui devaient se tenir l'automne suivant. J'accepte de l'appuyer. En tout, je devais financer sa campagne (par le biais d'Infrabec) à hauteur d'environ 40 000 $ pour des sondages, de la formation, l'installation d'un système informatique et le salaire de son organisateur. Au bout du compte, la contribution d'Infrabec sera moindre : elle s'établira à environ 25 000 $.

Maintenant, je me dis que j'aurais dû observer la même neutralité qu'en 2005. Mais ce qui est fait est fait.

Jusqu'à la conclusion des événements que je m'apprête à relater, j'entretenais avec Patrick Thifault et Marlène Cordato des relations correctes, à défaut d'être chaleureuses. Boisbriand est une toute petite ville où tout le monde se connaît, et comme j'en étais le plus gros entrepreneur, j'avais des rapports avec l'ensemble des gens, des citoyens aux commerçants, en passant bien sûr par les politiciens.

Quelques semaines après que j'ai accepté d'appuyer Sylvie St-Jean, Patrick Thifault, qui siège au conseil de ville dans le parti de Marlène Cordato, veut me rencontrer pour discuter de la campagne électorale à venir. L'année précédente, il m'avait appelé pour me demander d'acheter une dizaine de billets à 150 $ chacun pour un cocktail de financement organisé à Sainte-Thérèse pour sa conjointe Linda Lapointe – qui fut brièvement députée de Groulx sous les couleurs de l'ADQ, à l'époque du gouvernement minoritaire de Jean Charest. Je lui avais expliqué que j'avais dépassé le montant autorisé de contributions aux partis politiques provinciaux. « Pas grave. Paye-moi en *cash* », m'avait-il répondu. Le lendemain, il s'était présenté à mon bureau, où je lui avais remis 1500 $ comptant.

Thifault savait que j'étais proche de St-Jean et il était déjà au courant que j'avais choisi mon camp en vue de la prochaine campagne électorale. Il voulait tester la température de l'eau quant à un possible rapprochement entre les troupes de Cordato et celles de la mairesse, qui avait nettement le vent dans les voiles. Il me dit :

— Comment tu vois ça, la prochaine campagne ? Sylvie St-Jean a l'air pas mal forte, pas loin de 60 % des intentions de vote.

J'avais assisté à quelques séances du conseil municipal où les couteaux volaient généralement assez bas, et je lui fais comprendre que ça me désolait de voir les deux équipes se prendre aux cheveux de cette manière.

— Je trouve ça niaiseux, lui dis-je. Vous avez déjà fait partie de la même équipe, du même parti. Vous avez même eu une entente pendant plusieurs mois. Et maintenant, vous êtes toujours à couteaux tirés. Vous devriez vous parler. Je pense sincèrement que, si vous travailliez ensemble, personne pourrait vous battre.

— J'en parle à Marlène et je te reviens.

C'est ainsi que j'ai endossé – peut-être avec un peu trop de zèle, je m'en suis rendu compte par la suite – mon rôle d'intermédiaire entre le camp St-Jean et le camp Cordato. Mais dans mon esprit, tout au long de la saga qui allait suivre, je ne faisais rien d'illégal.

Quelques jours plus tard, je croise Sylvie St-Jean et je lui parle de ma rencontre avec Thifault. Sa réponse est catégorique.

— Je veux rien savoir. Je suis pas capable de travailler avec ces gens-là. Pas question de négocier avec eux. J'ai pas besoin d'eux autres pour gagner mes élections.

Quelques semaines plus tard, Thifault me relance.

— On serait peut-être intéressés à rencontrer les gens de Sylvie St-Jean pour voir s'il y a quelque chose à faire.

Je passe le message à l'équipe de St-Jean en disant : « Vous perdez rien à les écouter. Voyez si vous êtes capables de vous entendre. Si ça marche pas, tant pis et que le meilleur gagne. » Sylvie St-Jean n'était pas très chaude à l'idée de cette rencontre, mais elle avait suivi l'avis de ses conseillers qui lui suggéraient de faire au moins preuve d'ouverture.

La première rencontre a lieu en mai au restaurant Piatti à Rosemère, où étaient présents Sylvie St-Jean, Marlène Cordato, Patrick Thifault et moi. Au début, un lourd silence planait sur la table. Ces gens-là s'injuriaient, se déchiraient et se faisaient coup bas après coup bas depuis trois ans, et je tentais de les rapprocher. J'ai pris la parole.

— Patrick, tu voulais une rencontre. On y est. Moi, je pense que si vous êtes capable de vous entendre, c'est mieux pour tout le monde. Si ça marche, tant mieux. Sinon, tant pis. Chacun retourne de son côté. C'est sûr que, à mon avis, ce serait mieux si vous vous entendiez.

Chacun convient d'examiner la question et de se reparler. La rencontre n'a pas duré plus de vingt minutes.

Évidemment, ce qui est ressorti de cette rencontre aux yeux des journalistes, c'est le passage qui tue : « Moi, je suis là pour éviter des élections à Boisbriand, puis crisse, tout le monde garde sa job… En bout de ligne, là, faire un hostie de *power trip* de politicien ou de politicienne, on s'en va en campagne pour avoir le même câlisse de résultat. Pourquoi on regarde pas en avant pis voir ce qu'on peut bâtir ensemble, hostie ? »

Il est certain qu'une affirmation tonitruante émaillée de trois ou quatre sacres fait un *clip* bien plus percutant à la radio et à la télé. Et surtout, elle donnait l'impression que je tentais d'intimider les gens de l'opposition, ce qui n'était pas du tout le cas. Dans mon esprit, je facilitais un rapprochement qui aurait permis d'éviter la tenue d'élections et les frais énormes qui en découlent et mettrait un terme à des années de luttes fratricides entre gens qui, il n'y avait pas si longtemps, militaient dans le même parti. Et de toute manière, même si le rapprochement s'était produit, rien n'empêchait qu'une autre équipe électorale se forme et brigue les suffrages.

Quelques semaines plus tard, début juin, je croise Patrick Thifault au tournoi de golf de la Ville de Boisbriand. Il me dit que son équipe serait disposée à avoir une deuxième rencontre avec celle de St-Jean. J'en parle à Claude Brière qui me dit : « Organise la rencontre, mais Sylvie ne sera pas là. Le surlendemain à l'heure du petit-déjeuner, nous nous retrouvons donc – Thifault, Brière, le mari de Cordato, Louis Kemp, et moi-même – au restaurant Tutti Frutti à Sainte-Thérèse.

Je me rappellerai toujours – compte tenu de la conclusion de cette aventure – que, juste avant la rencontre, j'avais croisé Pierre Descôteaux, qui avait représenté le comté de Groulx à l'Assemblée nationale de 2003 à 2007. Il me dit :

— Qu'est-ce que tu fais ici ?

Puis il aperçoit les proches de Cordato à ma table.

— Fais attention à ces gens-là, Lino. C'est une gang de crosseurs. Tu devrais même pas t'asseoir avec eux autres.

La suite a confirmé qu'il ne parlait pas à tort et à travers.

La rencontre a duré à peu près une heure, au cours de laquelle j'ai continué de tenir en toute bonne foi le même discours : « Si vous pouvez vous mettre d'accord et travailler ensemble, ce sera mieux pour tout le monde. » Mais il est rapidement devenu clair que ça ne marcherait pas.

Deux jours plus tard, Patrick Thifault me rappelle pour me demander de le rencontrer avec Marlène Cordato. Le rendez-vous a lieu au Café Express du Faubourg Boisbriand. Cordato me dit : « Le *deal* pourrait fonctionner si j'ai la présidence du Comité des finances et du Comité des travaux publics. » Je l'ai arrêtée tout de suite en lui disant : « Je peux bien passer le message, mais là on est rendus dans la poutine administrative. C'est pas de mon ressort. Parlez-vous. »

Ce fut tout. Nous nous sommes levés et nous sommes partis. Quand j'ai glissé un mot à Sylvie St-Jean au sujet de la demande de Cordato, sa réponse fut claire et nette :

— Il est hors de question que je garantisse quoi que ce soit. Déjà que je suis pas d'accord avec l'idée qu'on se rapproche.

Quand Cordato m'a rappelé quelques jours plus tard, je lui ai dit qu'à première vue St-Jean n'était pas d'accord avec sa demande.

— Dans ce cas-là, ça marchera pas, m'a-t-elle dit.

Je lui ai souhaité bonne chance dans sa campagne, et nous ne nous sommes plus jamais adressé la parole.

Au cours de l'été, Louis Kemp – le conjoint de Marlène Cordato – commence à faire courir la rumeur selon laquelle les rencontres auxquelles j'avais participé ont été enregistrées et qu'il y avait là-dedans tout ce qu'il fallait pour m'envoyer en prison. Mais je ne m'en fais pas outre mesure parce que je ne vois pas ce qu'il pouvait y avoir de criminel dans ce que j'avais fait.

Mais à quelques semaines des élections, les crosseurs n'allaient pas s'arrêter là. Thifault appelle Alain Gravel, de l'émission *Enquête* de Radio-Canada, et lui raconte non seulement que j'ai tenté de faire obstruction au processus électoral, mais aussi que le coût du projet d'usine d'épuration de Boisbriand – pour lequel j'avais été le seul soumissionnaire – avait doublé, passant de 15 millions $ à 30 millions $. Sans préciser, bien sûr, que le projet était passé entre-temps d'une simple mise à niveau à un agrandissement.

Puis, Alain Gravel m'appelle pour me demander une entrevue.

— C'est au sujet du projet d'usine d'épuration. On a des informations selon lesquelles ça a coûté le double.

Je lui dis que je vais le rappeler. Je consulte quelques personnes qui me disent essentiellement: «Embarque pas là-dedans. De toute façon, le journaliste va dire ce qu'il veut.»

Je rappelle Gravel pour lui dire que je ne donnerai pas d'entrevue. Il me dit:

— On va sortir ça.

— Faites ce que vous avez à faire.

Aujourd'hui, je me dis que ce fut une erreur de ne pas avoir donné ma version des faits et d'avoir laissé le champ libre aux gens qui voulaient me détruire.

Le 15 octobre 2009, l'émission *Enquête* est diffusée, dans laquelle je suis présenté comme un entrepreneur véreux qui a voulu truquer le processus électoral à son profit.

Se confirme alors dans mon esprit le fait que, tout au long des derniers mois, Marlène Cordato s'est servie de moi pour prendre le pouvoir. Elle était battue d'avance et avait trouvé le moyen de manigancer pour me faire tomber et entraîner Sylvie St-Jean dans ma chute.

C'était le début de la fin.

Le lendemain de la diffusion de l'émission, dès 8 h 30 du matin, le directeur général des élections du Québec, Marcel Blanchet, déclare aux médias qu'il n'y a pas lieu d'enquêter sur mes gestes dans ce dossier. Plus tard dans la journée – comme par hasard –, il change son fusil d'épaule et décide que, après tout, il y aura enquête sur une possible infraction à la loi électorale.

Rappelons le contexte. À cette époque, de plus en plus de reportages étaient publiés sur la corruption dans l'industrie de la construction. Les pressions étaient énormes sur le gouvernement Charest pour qu'il institue une commission d'enquête à ce sujet. Le premier ministre refusait, alléguant qu'il fallait laisser les policiers faire leur travail. Une semaine plus tard – le 22 octobre –, l'escouade Marteau était créée afin d'enquêter sur le milieu de la construction.

Il était trop tard pour Sylvie St-Jean. Le 6 novembre, Marlène Cordato remportait les élections à Boisbriand, avec une majorité de conseillers.

Quant au gouvernement Charest, qui continuait de résister aux pressions venant de toutes parts pour qu'il déclenche une commission d'enquête sur la construction, il avait besoin d'un coupable au plus vite. Le 1er décembre, l'escouade Marteau perquisitionnait mes bureaux.

Voilà la vérité au sujet de ma prétendue tentative de truquer les élections à Boisbriand. La vraie histoire, c'est celle que je raconte. Je n'ai jamais eu l'occasion de le faire auparavant. Les enquêteurs de l'UPAC ne voulaient pas l'entendre. Et pour les journalistes, j'avais déjà été accusé; ce n'était plus de la nouvelle.

Je n'ai jamais tenté d'empêcher la tenue d'élections à Boisbriand. J'ai joué strictement un rôle d'intermédiaire. J'ai tenté, bien naïvement, de faciliter des rencontres entre des gens qui se connaissaient et avaient déjà travaillé ensemble. Quant à Sylvie St-Jean, elle n'a rien d'autre à se reprocher que d'avoir assisté à la première rencontre, bien contre son gré.

La réalité, c'est qu'elle et moi avons été victimes d'un coup monté par des gens sans scrupule et assoiffés de pouvoir, qui ne sont pas dignes d'occuper les postes qu'ils occupent présentement.

Quant au gouvernement Charest, il m'a fait subir une « job de bras », comme on dit en bon québécois. Il avait besoin de faire un exemple pour calmer la tempête et j'étais le coupable tout désigné. Mais ce fut une erreur de sa part de vouloir s'attaquer à moi. Car toute cette affaire m'a donné assez de carburant pour dire : « C'est la voie que vous avez choisie ? D'accord. Quand vous aviez besoin de moi pour organiser des cocktails-bénéfice et verser de l'argent dans votre caisse électorale, vous connaissiez mon numéro par cœur. Mais le lendemain de la diffusion de l'émission *Enquête*, je n'existais plus. Je n'étais plus qu'un petit voyou qu'il fallait abattre. Vous pensiez que j'allais m'écraser dans un coin, mais vous vous êtes trompés. Ce n'est pas comme ça que je suis fait. Je vais dire toute la vérité, pour que la population sache exactement à quels niveaux – pas seulement celui des entrepreneurs – se situe la corruption. »

CHAPITRE 6

Marteau

Au lendemain de la diffusion de l'émission *Enquête*, j'étais évidemment ébranlé par son angle résolument sensationnaliste. Le reportage de Gravel n'était qu'un parmi bien d'autres qui, à l'époque, évoquaient la collusion, la corruption et la fraude dans l'industrie de la construction. Il soulignait – comme Gravel me l'avait dit – le fait que le coût de l'usine d'épuration était passé du simple au double et laissait entendre que Zambito et Infrabec avaient mis une dizaine de millions de dollars dans leurs poches. Je savais que c'était faux, tout comme cette prétention selon laquelle j'avais tenté de détourner le processus électoral à Boisbriand.

Je me suis dit par la suite que j'aurais dû donner à Gravel ma propre version des faits avant son reportage. Mais, en même temps, je ne sais pas si la situation aurait été différente. Car je connais aussi le vieil adage journalistique débordant de cynisme: *Don't let the facts get in the way of a good story*[1].

À peine un mois et demi après *Enquête*, le 1er décembre 2009, l'escouade Marteau débarque chez Infrabec. J'étais en route vers le bureau, aux environs de 8 h, lorsque mon comptable m'appelle. «On a de la visite, ce matin.» Il n'avait pas besoin de me faire un dessin. J'arrive quelques minutes plus tard et je réalise qu'il ne s'agit pas d'une simple visite de courtoisie. On avait sorti l'artillerie lourde: une bonne douzaine

---

1. Ne laissez pas les faits compromettre une bonne histoire.

d'enquêteurs étaient sur place. Il y en avait dans tous les locaux de l'entreprise, affairés à éplucher des documents, à démonter un ordinateur ou à fouiller dans des tiroirs.

Ce jour-là, mon père était à Halifax avec un de nos mécaniciens pour acheter de l'équipement à l'occasion d'un encan. Je l'appelle aussitôt pour le mettre au courant.

Je demande ensuite à parler au responsable, l'enquêteur Érick Roy, avec qui je travaillerai plus tard dans le cadre de la commission Charbonneau. Il me montre son mandat de perquisition.

Le mandat en question était signé par la juge de la Cour du Québec à Saint-Jérôme, Nathalie DuPerron-Roy. J'ai déjà évoqué, dans un chapitre précédent, l'accident de travail qui avait coûté la vie à l'un de mes employés, Frédéric Jean, à Terrebonne en 2007. À la suite de cette tragédie, la CSST (Commission de la santé et de la sécurité du travail) – pour qui tout accident de travail est nécessairement la faute de l'employeur – avait poursuivi Infrabec pour négligence. Or, au moment où elle signait le mandat de perquisition, la juge DuPerron-Roy était en délibéré sur cette cause. (Au printemps 2010, elle allait condamner mon entreprise à une amende de 17 000 $.) S'il ne s'agissait pas là d'un cas de récusation, cela soulevait tout au moins un sérieux problème d'éthique.

— Fais sortir ton monde. Je veux parler à mon avocat avant, dis-je à Érick Roy.

— Pas question. Mon mandat est clair. On a le droit d'aller où on veut. On fait ce qu'on a à faire.

J'appelle alors mon avocat, qui à l'époque était Jean Cordeau. Il n'en revient pas que la juge DuPerron-Roy soit la signataire du mandat, mais me confirme tout de même ce que vient de me dire l'agent Roy.

— Laisse-les faire leur travail et viens-t'en à mon bureau, me dit-il.

— Pas question. Moi, je reste ici et je vais les talonner toute la câlisse de journée.

Et je fais comme j'ai dit : je les suis partout à la trace. Ce qui me tracassait surtout, c'est que deux ou trois enquêteurs étaient enfermés dans mon bureau, où ils ont passé un bon six ou sept heures. Je ne suis pas paranoïaque de nature, mais j'avais quand même vu des films où on plantait de la preuve dans des ordinateurs et cela m'inquiétait. Heureusement, j'avais fait installer quelques semaines auparavant des caméras et des micros dans mon bureau.

La raison de cette initiative est que, environ deux semaines après la diffusion de l'émission *Enquête* du 15 octobre, des policiers s'étaient introduits en soirée – sans mandat – dans mon bureau, après avoir désactivé le système d'alarme. Ce soir-là, la femme de ménage était entrée chez Infrabec plus tard que prévu pour faire son travail et les avait surpris, vers 22 h, en train de fouiller dans les poubelles. Les individus lui avaient montré leur insigne de policier en lui disant que si jamais elle parlait de ce qu'elle avait vu, elle aurait de sérieux problèmes. Mais dès le lendemain matin, encore toute secouée, elle était venue me voir en tremblant et en pleurant pour me raconter la scène dont elle avait été témoin.

Je n'ai soufflé mot à personne de cette affaire, pour ne pas compromettre la dame, mais j'ai aussitôt fait appel à une firme spécialisée pour qu'elle installe un système de caméras et de micros. Les caméras étaient facilement repérables par des policiers expérimentés, mais les micros, de la taille d'une mine de crayon, étaient à peu près impossibles à déceler. Ainsi, lorsque les agents de l'escouade Marteau sont entrés dans mon bureau, ce matin du 1er décembre, ils ont rapidement détecté les caméras et les ont désactivées, mais pas les micros, de sorte que j'ai pu entendre tout ce qu'ils ont dit et fait dans mon bureau au cours de cette journée.

Les policiers n'ont pas fait dans la dentelle. Il était clair qu'ils étaient en mission. Ils ont démantelé les carreaux du plafond, tenté de trouver des tiroirs à double fond, démonté mon ordinateur portable.

Cette perquisition était dans une large mesure un spectacle de relations publiques commandé par le gouvernement pour faire croire que la police faisait bien son travail et qu'une commission d'enquête sur l'industrie de la construction n'était pas nécessaire. Pour montrer à quel point il s'agissait d'un *show*, quand les membres de l'escouade Marteau sont entrés chez Infrabec, Alain Gravel était déjà sur place et ses caméras filmaient la scène. Aussi baveux que moi-même je peux l'être quand je m'y mets, il m'appelle sur mon cellulaire. D'où il était, il me voyait à l'intérieur, mais je l'ignorais encore.

— Monsieur Zambito ?

— Oui.

— Alain Gravel. Comment ça va ? On peut se parler ?

— J'ai pas le temps.

— Vous êtes occupé ?

— Oui, j'ai des soumissions à fermer.

Et tout à coup je l'aperçois dehors.

— Vous avez de la visite ?

— Oui. Ils font leur job et, nous, on fait la nôtre.

Et j'ai raccroché.

Vers midi, l'un des enquêteurs me demande s'il y avait un restaurant aux alentours qui faisait la livraison. J'ai alors eu le culot de leur donner le dépliant de mon restaurant, Pizza Etcetera, qui était à Blainville. En principe, nous ne faisions pas la livraison à Boisbriand, mais j'avais appelé au restaurant pour dire aux employés de prendre la commande et de livrer. Il y en avait pour pas loin de 250 $. C'était un peu ma manière de dire : « Tant qu'à me faire chier, vous allez au moins encourager mon commerce. » Ça, c'était ma nature à bien des égards : le petit baveux qui, en toutes circonstances, cherche à avoir le dernier mot, à obtenir une revanche. Mes employés étaient tordus de rire, malgré la gravité de la situation, et je dois dire que, lorsque j'ai avoué la vérité à Érick Roy quelques mois plus tard, il a trouvé le moyen d'en rire.

En après-midi, j'aperçois plusieurs enquêteurs sur le toit de la bâtisse, qui jouaient aux fins limiers autour d'une petite antenne satellite qui y était installée. J'entends même l'un de ces Sherlock Holmes évoquer la possibilité qu'il s'agisse d'un stratagème pour transmettre des données comptables aux Bahamas ! En réalité, le satellite était simplement relié aux pompes à essence qui alimentaient nos véhicules en diesel. Quand les chauffeurs arrivaient pour faire le plein, une puce de contrôle actionnait la pompe et le satellite transmettait les données à l'ordinateur du comptable.

En fin de journée, quelques enquêteurs s'installent autour d'un serveur informatique obsolète que notre comptable me suppliait de remplacer depuis déjà quelques mois. Ils tentent de l'interroger, mais il est tellement désuet qu'ils en sont incapables. Pensant qu'il est muni d'une codification complexe, ils décident de l'emmener avec eux à leur siège social afin de l'étudier plus avant. En fait, ce serveur, malgré sa vétusté, était essentiel pour préparer la paye des employés. Comme nous étions mardi et que le mercredi était jour de paye, nous en avions absolument besoin le lendemain. Je leur dis :

— Vous pouvez pas partir avec ça. On a 130 employés. Si j'ai pas ce serveur demain matin, je suis incapable de les payer.

— C'est pas notre problème, me répond l'un d'eux. On prend tout ce dont on a besoin.

— Écoute-moi bien. Si demain j'ai pas mon serveur et que je suis incapable de faire les payes, je loue une douzaine d'autobus, je mets mes employés dedans et on s'en va à Québec au bureau de Dupuis[2]. C'est lui qui les paiera. Je vous l'ai demandé poliment et je le répète : j'ai absolument besoin de ce serveur demain matin.

Ils ont fini par comprendre que ce n'était pas un caprice et m'ont promis de me ramener l'objet en question dès le lendemain matin à 7 h. Ils ont tenu parole et sont venus réinstaller le serveur avant même l'ouverture des bureaux. Mais nous l'avons changé très rapidement, au cas où les policiers y auraient planté quelque chose.

Voilà comment s'est déroulé ce spectacle à grand déploiement que fut la perquisition dans les bureaux d'Infrabec, le 1er décembre 2009. Aujourd'hui, je ne doute pas une seule seconde qu'elle était le fruit d'une commande politique destinée à démontrer à la fois le sérieux du gouvernement dans la lutte contre la corruption et l'efficacité de l'escouade Marteau qui venait d'être mise sur pied.

Inutile de dire que dans ces conditions, cette année-là, le temps des fêtes ne fut pas très jojo et que l'année 2010 dans son ensemble fut assez pénible. À vrai dire, une année

---

2. Jacques Dupuis était à l'époque ministre de la Sécurité publique et, à ce titre, responsable de la Sûreté du Québec et de l'escouade Marteau.

d'enfer. Elle s'est déroulée dans un climat constant de profonde insécurité. Tous les problèmes au quotidien étaient multipliés par dix, tant l'incertitude était grande. Nous savions qu'une enquête était en cours, mais nous ignorions quels résultats elle donnerait et comment tout cela finirait. Tout le monde était nerveux, sur ses gardes, même si le carnet de commandes d'Infrabec demeurait bien garni. Il fallait donc continuer de gérer l'entreprise, tout en tentant de rassurer les employés, les clients, les firmes d'ingénieurs, les compagnies de cautionnement.

Une immense épée de Damoclès était suspendue au-dessus de nos têtes.

***

Il a fallu attendre plus d'un an avant qu'il se passe quelque chose.

Le mercredi 2 février 2011, en fin d'après-midi, je pars du bureau en direction de chez moi. Ce jour-là, une forte tempête frappait le Québec, laissant quelque 25 centimètres de neige dans la région de Montréal. À la hauteur du Village de Sainte-Thérèse, rue Blainville Ouest, une voiture freine devant moi, glisse et va percuter un véhicule en stationnement. Je ne peux l'éviter et la heurte à mon tour avec mon VUS. Au moment de l'impact, la dame qui occupait l'automobile en stationnement était en train d'asseoir sur le siège arrière de sa voiture son bébé qu'elle venait d'aller chercher à la garderie. Je suis aussitôt sorti de mon véhicule pour trouver la dame en état de choc. Il y avait de quoi : nous aurions pu la tuer. En attendant les policiers, je l'ai aidée à rentrer dans les locaux de la garderie.

Quelques minutes plus tard, les agents de la Régie inter-municipale de police Thérèse-de Blainville arrivent sur les lieux et c'est là que j'ai senti que quelque chose se passait. Les policiers ont regardé mon permis de conduire et m'ont dit de partir.

— Vous ne voulez pas entendre ma version des événements ? leur ai-je dit.

— Ce n'est pas nécessaire. Vous pouvez partir.

Je n'ai pas trouvé normal que, étant directement impliqué dans un accident, on me laisse partir sans me poser aucune question. Ce qui m'a aussi mis la puce à l'oreille, c'est que je croyais me rappeler que, lorsque la Sûreté du Québec projetait de mettre un citoyen d'une ville en état d'arrestation, elle en prévenait au préalable les autorités policières locales.

J'ai appelé un remorqueur pour mon véhicule et, comme j'habitais à cinq minutes de là, j'ai téléphoné à ma conjointe pour qu'elle vienne me chercher. Une fois installé dans sa voiture, je lui ai confié mes inquiétudes.

— Y a quelque chose qui se passe, c'est sûr.

— Tu es tellement stressé que t'es en train de devenir fou.

— Moi, je te dis que c'est pas normal qu'ils m'aient laissé partir. J'ai le net pressentiment que quelque chose va se passer.

Le lendemain, je me lève à 4 h 30, puis je prends mon café en écoutant les nouvelles à la télévision. Vers 5 h 20, j'aperçois une voiture banalisée stationnée dans l'entrée, avec deux personnes à l'intérieur. Je réveille ma conjointe en lui disant : « C'est ce matin que ça se passe. Tu vas voir, à 6 h, ils vont sonner. »

Bien entendu, à 6 h pile les deux policiers sont à la porte. Ils se présentent, me disent que je suis en état d'arrestation et me défilent la liste des multiples accusations qui pèsent contre moi, dont celles de fraude, de complot, d'abus de confiance, d'extorsion et de tentative de trafiquer des élections. Je leur dis :

— On a trois enfants qui dorment à l'étage. Je préférerais qu'on ne les réveille pas. Est-ce que c'est trop vous demander ?

— Pas de problème. Prenez le temps de vous habiller. On va monter avec vous et on va vous attendre. On vous lira vos droits plus loin, au cas où les médias seraient là quand on sortira.

Quelques minutes plus tard, le téléphone sonne et ma conjointe répond. C'est Denis, le surintendant d'Infrabec. Elle lui dit que je ne peux pas lui parler. Il insiste, mais les policiers sont formels : je n'ai pas le droit de parler à qui que ce soit. Alors il l'informe qu'il est au bureau et que mon père vient d'être arrêté.

Mon père quittait généralement la maison à 5 h du matin en direction du bureau. Les policiers l'avaient suivi de Lorraine jusqu'à Boisbriand et l'avaient arrêté là. J'étais furieux parce que je savais que mon père n'avait rien à voir avec ces histoires. S'ils l'avaient arrêté, c'était uniquement pour me faire chier et avoir un levier sur moi. Je m'inquiétais pour lui.

Nous partons de la maison et, en arrivant au coin de la rue, les policiers stationnent la voiture et me lisent mes droits. Puis l'un d'entre eux me dit :

— Est-ce qu'il faut vous menotter ou nous pouvons vous faire confiance ?

— Je vous ai vus stationnés dans mon entrée à 5 h 20 et je suis ici. Si j'avais eu l'intention de vous échapper, je serais sorti par la porte de derrière. Vous ne m'auriez jamais vu et, à l'heure qu'il est, je serais déjà à la frontière de l'Ontario. Je suis ici et je ne vais nulle part.

Comme je l'ai déjà indiqué, il y avait eu une grosse tempête la veille et la circulation était très difficile. Nous avons mis une heure trente à nous rendre au siège social de la Sûreté du Québec, rue Parthenais à Montréal. En chemin, je me suis rappelé qu'Infrabec avait un gros contrat de déneigement avec la Ville de Pointe-Claire, dans l'ouest de l'île de Montréal. C'est moi qui répondais aux appels de la Ville pour affecter les équipes de déneigement. Je dis aux policiers que je dois faire un appel.

— C'est hors de question. Vous êtes en état d'arrestation. Vous appellerez votre avocat une fois au poste.

Je leur explique alors que si je ne réussis pas à parler à mon contremaître pour lui donner des instructions, le déneigement ne se fera pas et toute une ville sera dans la merde parce que je suis arrêté.

Les deux gars se regardent et acceptent de composer le numéro de téléphone que je leur indique.

— Salut, Denis, c'est Lino. Pose pas de question. T'as rien à me demander. À huit heures, appelle untel à la Ville de Pointe-Claire à tel numéro. Prends sa commande. Merci. Bye.

Je leur demande ensuite qui a été arrêté, à part moi : mon père, Sylvie St-Jean, Claude Brière, ainsi que France Michaud et Gaétan Morin de Roche, la firme d'ingénieurs qui obtenait de nombreux mandats de la Ville de Boisbriand, dont celui de la conception de l'usine d'épuration.

Une fois arrivés au siège social de la rue Parthenais, on me conduit au sous-sol où de jeunes policiers en formation se livrent à des exercices. Puis nous prenons l'ascenseur vers un étage supérieur. En sortant, j'aperçois l'enquêteur Érick Roy qui me lance :

— Bonjour, Monsieur Zambito. C'est pas une journée très agréable, hein ?

— Au contraire. Il fait beau soleil, je passe la journée avec vous, pas d'employés, pas de cellulaire. C'est une journée de vacances pour moi.

On me conduit ensuite dans une pièce où je suis interrogé par Normand Lapointe, apparemment l'un de leurs meilleurs enquêteurs. Il m'offre un café. Poursuivant mon numéro de petit baveux, je lui dis :

— Je bois pas de café au percolateur. C'est de l'eau sale pour moi. Je veux un café au lait.

— Pas de problème. On va vous trouver ça.

J'ai passé toute la journée en sa compagnie. Assez rapidement, je me suis rendu compte qu'il essayait de jouer dans ma tête. Il m'a d'abord expliqué que les accusations contre moi ne sont pas encore déposées et que, si je collabore, elles ne le seront pas. Je lui réponds :

— Écoutez, j'ai fait mon droit. Prenez-moi pas pour une poire. Si vous m'avez arrêté, c'est parce que les accusations sont déposées. Perdez pas votre temps.

Même si tous ces échanges se déroulent sous le sceau de la politesse, les policiers ne se privent pas non plus de recourir à l'intimidation et au mensonge pour nous faire craquer, mon père et moi. Ainsi, au beau milieu de la journée, un enquêteur entre dans la pièce et me dit :

— Votre père a eu un malaise.

J'ai beaucoup de difficulté à le croire. Je l'ai vu la veille et il se portait à merveille. Quand même légèrement inquiet, je dis au policier :

— S'il a eu un malaise, j'espère que vous avez appelé une ambulance.

Plus tard, mon père m'a confié qu'un enquêteur lui avait affirmé que j'avais craqué et tout avoué, ce à quoi il avait répondu :

— S'il a avoué des choses, ce sont des choses dont je ne suis pas au courant.

Vers 16 h, on nous ramène au sous-sol pour la prise d'empreintes, les photos et les conditions de remise en liberté. Ils prennent même une photo de la cicatrice résultant de ma chirurgie au côlon. Ils photographient ainsi tout signe distinctif susceptible d'identifier un accusé. Mon père, qui a peut-être eu deux contraventions dans sa vie, n'est pas précisément un habitué des postes de police. Et comme sa maîtrise des langues française et anglaise est limitée, il n'a pas compris quand la photographe lui a demandé s'il avait des « tatous » (tatouages).

— Des toutous ? Qu'est-ce que tu veux que je fasse avec des toutous ?

— Non, papa. Pas des toutous. Des tatous. Comme les Hells.

À 16 h 30, nous sommes sortis de l'édifice de la rue Parthenais. Les enquêteurs nous ont offert de nous ramener au bureau, mais nous avons refusé. Mon avocat avait chargé quelqu'un de le faire. Du bureau, nous sommes rentrés à la maison, où ma conjointe, ma mère et les enfants étaient tous inquiets. J'ai tenté de les rassurer.

Encore une fois, le contexte est important. Quelques jours après notre arrestation, le 8 février 2011, l'Assemblée nationale reprenait ses travaux et les pressions demeuraient fortes sur le gouvernement Charest qui refusait toujours de déclencher une commission d'enquête sur l'industrie de la construction. Il fallait donc frapper l'imagination – même si nous étions de bien petits poissons dans la mer de corruption où baignait l'industrie – pour démontrer une fois de plus que la police faisait son travail et qu'une commission d'enquête n'était pas nécessaire. Cette mainmise du politique sur le judiciaire était vraiment digne d'une république de bananes.

L'enquêteur en chef Érick Roy m'a d'ailleurs confié par la suite que, lorsque j'ai été arrêté le 3 février, la police n'était pas prête à le faire. La preuve n'a été complétée que huit mois après mon arrestation. Un an plus tard, Roy me l'a confirmé.

— Je voulais te rencontrer, non t'arrêter. Mais les instructions étaient claires : il fallait que je t'arrête.

À l'époque, le ministre de la Sécurité publique était Jacques Dupuis. Son sous-ministre était Robert Lafrenière – l'actuel dirigeant de l'UPAC – et son chef de cabinet, Pierre Moreau. Tous ces gens avaient intérêt à faire arrêter – et condamner – quelqu'un au plus vite.

Et ils n'y sont pas allés de main morte. La Couronne a présenté un acte d'accusation direct, une procédure exceptionnelle qui signifiait qu'on me niait le droit à une enquête préliminaire qui m'aurait permis de tester une preuve que j'ai attendue pendant plusieurs mois. Je me permets de citer à cet égard un extrait du site Web du Directeur des poursuites criminelles et pénales du Québec.

Ce pouvoir exceptionnel, qui vise à accélérer le déroulement de la procédure, est toujours exercé dans des circonstances très particulières, notamment lorsque la protection des témoins est compromise, lorsque l'urgence sociale requiert que le procès ait lieu sans tarder ou lorsque les fins de la justice ne pourront être atteintes autrement[3].

Encore aujourd'hui, je cherche laquelle des trois raisons invoquées plus haut pouvait s'appliquer à mon cas et justifier qu'on me prive du droit élémentaire à une enquête préliminaire.

De toute manière, on ne le saura jamais puisque celui qui était alors directeur des poursuites criminelles et pénales, qui était responsable de donner suite aux enquêtes de l'UPAC – et qui, à ce titre, avait approuvé la procédure d'acte d'accusation direct –, Louis Dionne, a été nommé juge à la Cour supérieure quelques semaines plus tard, emportant son secret dans ses nouvelles fonctions.

Il arrive que le hasard fasse vraiment bien les choses.

---

3. http://www.dpcp.gouv.qc.ca/documentation/orientations_mesures/8-pouvoir-deposer-accusation-direct.aspx

CHAPITRE 7

Faillite

Dans l'univers hypermédiatisé où nous vivons, la notion même de présomption d'innocence est strictement théorique. Votre entreprise fait l'objet d'une perquisition sous le feu des caméras de télévision : automatiquement, il est clair dans l'esprit des gens que vous avez fait quelque chose de malhonnête. Vous êtes arrêté au petit matin et interrogé pendant une journée, et vous êtes déjà coupable aux yeux de l'opinion publique, peu importe la suite des événements.

Quand je suis sorti du 1701 de la rue Parthenais en compagnie de mon père, en fin d'après-midi le 3 février 2011, les photographes et caméramans étaient là pour nous tirer le portrait. Le tribunal de l'opinion publique nous avait déjà condamnés.

Ce fut la même situation avec notre institution bancaire.

La première chose que j'ai faite en sortant du siège social de la Sûreté du Québec ce jour-là, c'est communiquer avec mon comptable pour lui demander de prendre rendez-vous avec les gens de la banque le lendemain : nous allions tout faire pour les rassurer.

Mais, dès le lundi 7 février à 16 h, mon directeur de comptes de la succursale de la Banque HSBC à Montréal m'apprenait que le dossier d'Infrabec – désormais considéré comme un « cas spécial » à la suite de mon arrestation – venait d'être transféré au siège social de Toronto. Le lendemain, une lettre de la banque le confirmait. Elle rappelait nos prêts, marges de crédit et prêts sur équipement. Trente jours auparavant, elle avait renouvelé toutes nos ententes de crédit, en sachant très bien que la compagnie était l'objet d'une enquête.

Nous avions dix jours pour trouver près de huit millions de dollars.

Du même souffle, HSBC envoyait des vérificateurs de la firme Richter examiner nos livres comptables. Dans mon esprit, les vérificateurs étaient là pour essayer de trouver une solution. Mais, très rapidement, j'ai réalisé qu'ils étaient plutôt en mode liquidation, n'ayant pas d'autre objectif que de nous mettre en faillite en obtenant le plus d'argent possible pour leur client, HSBC. Ainsi, dès leur arrivée, les vérificateurs de Richter m'avaient demandé de poursuivre l'exploitation de l'entreprise comme si de rien n'était. Mais chaque fois qu'il y avait la moindre entrée d'argent, ils gardaient 90 cents de chaque dollar et nous laissaient dix cents pour mener nos opérations. Ça ne nous donnait aucune marge de manœuvre pour gérer l'entreprise. Ça n'avait pas de sens. Quelques jours après leur arrivée, ils ont même voulu bloquer l'émission des chèques de paye des employés. J'ai réussi de peine et de misère à les contrer, mais leur attitude n'augurait rien de bon pour les semaines à venir.

J'avais aussitôt réuni les employés dans l'entrepôt après le travail – nous étions le 10 ou le 11 février – et je leur avais expliqué la situation : « La banque veut nous mettre en faillite, mais nous faisons tout notre possible pour sauver la compagnie. Ça a tout pris pour que vous soyez payés demain. Mais après, ce sera une bataille quotidienne et je ne sais pas jusqu'où nous nous rendrons. J'aimerais bien pouvoir garantir vos emplois et vous dire que tout va bien, mais ce serait vous mentir. » Ce furent des moments difficiles et empreints d'émotion, mais du même coup je sentais la solidarité, le sentiment que, tous ensemble, nous formions une famille. Mais bien sûr, ça ne suffirait pas.

Comprenant les intentions des vérificateurs de Richter (et de la banque HSBC), je me suis trouvé un avocat spécialisé en matière de faillite, Michel Laroche, un véritable pitbull qui ne lâchait pas son os facilement. Nous nous sommes mis sous la protection de la Cour afin d'empêcher momentanément HSBC de prendre nos biens, et aussi de faire nommer un autre syndic que Richter – qui se trouvait de toute évidence en conflit d'intérêts, puisqu'il travaillait selon les instructions de la banque, laquelle n'avait d'autre souci que de nous mettre en faillite et de récupérer le plus d'argent possible.

C'est ce que nous avons fait valoir devant la Chambre commerciale de la Cour supérieure. Cité comme témoin par mon avocat, j'ai affirmé à la juge Carole Hallée : « Les vérificateurs me demandent de poursuivre mes opérations, mais ne me laissent aucune marge de manœuvre et ne veulent pas que je paye mes employés. Ils ne veulent pas qu'on en arrive à une solution. Si c'est ce que vous voulez m'obliger à faire, je préfère vous remettre les clés de la compagnie tout de suite et on va fermer boutique. Jamais je n'embarquerai dans un stratagème qui consiste à fourrer mes employés pour qu'il y ait plus d'argent pour la banque. »

La juge s'est rendue à notre point de vue et a accepté, à notre demande, de remplacer Richter par PricewaterhouseCoopers à titre de syndic. Je me suis alors rendu compte que mon éloquence m'avait bien servi devant le tribunal. C'était une nette victoire sur HSBC. Comme nous étions parfaitement en règle avec le fisc et la Commission de la construction du Québec, la banque était le premier créancier. Or, les tribunaux acceptent généralement la proposition de syndic du premier créancier. Mais nous avions démontré avec beaucoup de clarté que les vérificateurs de Richter étaient en conflit d'intérêts.

Nous profitions donc de la protection du tribunal pendant trente jours. Nous avons poursuivi nos activités pendant quelques jours, mais nous avons vite compris que, dans notre situation – avec l'arrestation, les accusations, un procès à venir et toute la publicité qui avait entouré ma personne et mon entreprise –, il nous était impossible de trouver une institution financière, ou qui que ce soit d'autre, qui accepterait de financer l'entreprise. Déjà, 2010 avait été une année extrêmement pénible. Tant que mon dossier ne serait pas réglé – et cela prendrait encore un bon bout de temps –, nous ne pourrions faire en sorte que la compagnie survive. Il devenait impossible de régler des contrats, de se faire payer et de demander des extras. Tout devenait plus compliqué. Nous étions dans un cul-de-sac et nous n'avions pas d'autre option que de fermer Infrabec.

Mais compte tenu de la manière dont HSBC nous avait traités, nous n'allions pas rendre les armes aussi facilement. La banque voulait régler le cas aussi rapidement que possible, pressée qu'elle était de rompre les liens avec une entreprise dont les dirigeants faisaient face à des accusations criminelles. C'est finalement mon beau-frère Peter Lashchuk qui est intervenu en rachetant la position de HSBC dans Infrabec à très fort rabais. Il devenait ainsi le créancier d'Infrabec. La bâtisse, les équipements et autres biens de l'entreprise lui appartenaient désormais.

Nous devions retourner devant le tribunal pour obtenir un nouveau délai de trente jours, mais nous ne nous sommes pas prévalus de cette option. Nous avons plutôt entrepris des procédures de liquidation et de faillite.

Nous avons finalement obtenu à l'encan 5,3 millions $ pour l'équipement et vendu la bâtisse au privé pour 1,2 million $, ce qui nous a permis de rembourser la presque totalité de nos dettes et de nos cautionnements personnels.

Le 9 mai 2011, la faillite de l'entreprise était officielle. C'était la fin d'Infrabec. C'était la fin d'un cauchemar.

Mais pour bien d'autres, le cauchemar ne faisait que commencer. Nos 130 employés se retrouvaient devant rien. Nos multiples fournisseurs, sous-traitants et employés occasionnels – dont le gagne-pain dépendait en grande partie d'Infrabec – étaient aussi dévastés. Je me souviens en particulier de l'un d'entre eux, Normand Pelletier, un homme d'âge mûr qui conduisait une rétrocaveuse à taux horaire et travaillait presque exclusivement pour notre entreprise. Au cours de cette période d'intenses difficultés, il a subi un AVC, causé sans aucun doute par le stress. À la suite d'un problème survenu au cours d'une intervention chirurgicale consécutive à cet accident, il a été touché à la moelle épinière et forcé de se déplacer en fauteuil roulant. Et malgré de nombreuses séances de réadaptation, il n'a jamais pu retrouver sa mobilité. Voilà un drame humain parmi tant d'autres qui surviennent lorsqu'une entreprise doit – à son corps défendant – fermer ses portes.

***

Il était inévitable que tous ces événements, qui sont arrivés tellement vite, affectent ma santé psychologique et ma situation familiale.

Lorsque mon père et moi avons été arrêtés et que la banque a décidé de mettre notre entreprise en faillite, j'ai carrément capoté, comme on dit. J'avais le très net sentiment de me faire « fourrer par le système », d'autant plus que je cherchais à connaître la preuve étayant les accusations dont j'étais l'objet, mais ne réussissais pas à l'obtenir. (En fait, je n'en prendrais connaissance qu'en septembre 2011.)

J'étais révolté, frustré, tout me tombait sur les nerfs. J'étais devenu insupportable. Tout ce que je tolérais auparavant, je ne le tolérais plus. Je me cherchais, j'étais entré dans une sorte de tunnel où je remettais tout en question.

Nous étions alors à l'étape où, avant la tenue de la commission Charbonneau, j'étais présenté dans les médias comme un voyou de la construction, un bandit de grand chemin. Aux yeux de l'opinion publique, je faisais partie de ces entrepreneurs véreux qui étaient les seuls responsables de la corruption dans le milieu de la construction. Mon nom était partout dans les médias et, à l'école, mes deux garçons – âgés de 8 et 10 ans – subissaient les quolibets de leurs camarades. Ils n'osaient pas m'en parler directement – ne voulant pas ajouter à mes soucis – et se confiaient plutôt à leur mère qui les a beaucoup consolés et aidés.

Je ne cache pas que, au cours de cette période, j'ai dû aller chercher de l'aide psychologique. Mais cela n'a pas suffi. Ma famille a fait les frais de mes angoisses et de mes remises en question, et j'en suis l'unique responsable. Avoir laissé mon couple se briser demeure à mes yeux la pire erreur de ma vie. Si c'était à refaire, je me dis que je gérerais la situation différemment. Mais comment savoir ? On ne refait pas le passé. On vit avec ses conséquences.

La séparation d'avec ma conjointe fut un gros choc pour nos enfants. Les premières semaines furent difficiles. Mais, peu à peu, la poussière est retombée et ils se sont habitués à la séparation de leurs parents, notamment parce que mon ex-conjointe et moi avons gardé une relation saine, dénuée de toute amertume ou récrimination. Je trouve encore difficile de ne pas me lever avec mes enfants chaque matin. Mais j'ai au moins la consolation de les voir tous les jours et de savoir qu'ils vivent maintenant très bien la situation.

***

Après la faillite d'Infrabec, j'ai décidé de concentrer la majeure partie de mon attention sur la pizzeria que j'avais acquise presque par hasard en 2009.

Un soir, je soupais à Boisbriand avec un groupe d'amis pour souligner l'anniversaire de l'un d'entre eux. Près de notre table, deux dames prenaient leur repas et j'ai engagé la conversation avec elles. L'une avait un salon de coiffure dans le secteur Fontainebleau de Blainville. Je lui dis que je connaissais bien le coin, notamment la pizzeria Etcetera, ajoutant que c'est le genre de commerce qui aurait un bon potentiel dans le Faubourg Boisbriand, un secteur en pleine croissance. Elle me dit alors que la pizzeria en question appartient à son mari et que celui-ci souhaite s'en départir.

Je réfléchis à la question : je passais beaucoup de temps dans les restaurants le midi, et je me suis dit que, tant qu'à y dépenser beaucoup d'argent chaque semaine, aussi bien en profiter un peu. J'ai laissé passer quelques jours avant d'appeler l'homme en question. Nous nous sommes rencontrés et, au bout de deux semaines, le marché était conclu. Ironie du sort : le contrat fut signé le 16 octobre 2009, le lendemain même de la diffusion de l'émission *Enquête* qui a marqué le début de ma descente aux enfers.

Mon vice-président aux finances chez Infrabec s'est associé à moi. Comme à cette époque Infrabec roulait à plein régime, nous avons trouvé un gérant à qui nous avons donné des actions du commerce et c'était parti.

Lorsque nous en avons fait l'acquisition, la pizzeria Etcetera était un petit restaurant d'une trentaine de places. Nous avons donc procédé à des travaux d'agrandissement – aménagement d'une salle à l'étage et d'une terrasse estivale – qui nous ont permis d'accueillir 140 clients à l'intérieur et une centaine à l'extérieur l'été. Le succès a été rapidement au rendez-vous. Les midis de semaine, le restaurant était bondé, au point qu'il n'était pas rare d'y voir des files d'attente. On y venait de partout sur la Rive-Nord. Au sommet de sa popularité, le chiffre d'affaires atteignait 40 000 $ par semaine.

Même si Infrabec prenait beaucoup de mon temps, la pizzeria est devenue mon entreprise familiale. J'y passais une bonne partie de mes week-ends et j'y emmenais mes enfants. Mes deux garçons travaillaient même aux cuisines quand il n'y avait pas d'école. C'est là qu'ils ont appris à faire de la pizza.

Quand Infrabec a été mise en faillite, j'ai racheté les parts de mon associé, et ce qui n'avait été qu'un passe-temps pendant un an et demi est finalement devenu mon activité principale, un emploi à temps plein.

Combien d'heures ai-je passées, seul sur la terrasse les après-midi d'été, à griller un cigare en méditant sur ce que l'avenir me réservait ?

CHAPITRE 8

Commission

Lorsque le gouvernement Charest a finalement annoncé la création de la commission Charbonneau à l'automne 2011, je savais d'avance que je serais certainement cité à y comparaître. C'était écrit dans le ciel. À ce moment, je faisais toujours face à des accusations et je venais à peine de prendre connaissance de la preuve qui serait présentée plus tard devant le tribunal. Mais, à part un procès, je n'avais plus rien à perdre.

Deux choses en particulier me préoccupaient. D'abord, cette commission d'enquête aurait-elle les pouvoirs nécessaires pour aller au fond des choses ou s'agirait-il plutôt d'un écran de fumée destiné uniquement à calmer le jeu, dans un contexte où des élections générales étaient prévues dans moins d'un an ? Déjà, ça ne s'annonçait pas très bien. À l'origine, la commission Charbonneau n'était pas soumise à la *Loi sur les commissions d'enquête* du Québec, ce qui signifiait non seulement qu'elle n'aurait pas le droit de forcer qui que ce soit à comparaître, mais aussi que les personnes qui y témoigneraient ne bénéficieraient pas de l'immunité juridique habituellement consentie aux témoins devant une véritable commission d'enquête. Heureusement, sous les protestations de l'opposition et à la demande de la juge Charbonneau, le gouvernement a rajusté le tir par la suite.

Ensuite, quelle devrait être mon attitude lorsque je serais appelé à témoigner ? J'avais décidé d'emblée que, dans la mesure où j'aurais la conviction que les artisans de la Commission étaient sérieux, je ne jouerais pas l'ignorant ou l'amnésique, comme j'en avais vu tellement le faire durant la commission Gomery, quelques années auparavant. J'allais y collaborer de façon franche, ouverte et transparente, en présentant ma propre vision des choses fondée sur mon expérience et en me disant que, si je pouvais contribuer ne serait-ce que minimalement à assainir le milieu de la construction, ce serait toujours ça de gagné.

En 2012, l'opinion publique et la plupart des journalistes étaient largement d'avis que la collusion et la corruption étaient le fait des entrepreneurs. Or, je refusais que nous soyons les seuls à faire les frais de cette Commission et que tous les autres acteurs de la corruption s'en tirent. Si je me présentais devant la commission Charbonneau, j'allais démontrer comment le système fonctionnait et comment les entrepreneurs, bien que fautifs, étaient à bien des égards les outils des firmes d'ingénieurs, des cabinets d'avocats, de certains fonctionnaires et des machines politiques.

***

En avril 2012, l'enquêteur Érick Roy – prêté à la commission Charbonneau par la Sûreté du Québec – communique avec moi pour m'informer officiellement que je serais convoqué par la Commission et pour prendre rendez-vous, afin de préparer mon témoignage. Je connaissais bien Roy, un haut gradé de l'UPAC qui avait fait partie de l'escouade Marteau auparavant, fait enquête sur Boisbriand et dirigé la perquisition dans les bureaux d'Infrabec le 1er décembre 2009. Il était donc bien renseigné sur mes antécédents et avait estimé, avec ses collègues de la Commission, que je pourrais faire avancer ses travaux.

Au cours des mois suivants, j'allais passer de longues heures en compagnie de Roy et de son collègue Dario Noël – un enquêteur de la section des crimes économiques du Service de police de la Ville de Montréal, prêté lui aussi à la Commission – à monter une partie de la preuve qui serait présentée aux commissaires.

Roy était plus ou moins le chef de cette équipe de deux enquêteurs. Avec son expérience acquise lors de son enquête sur Boisbriand et les nombreuses informations accumulées dans le cadre du projet Colisée[4] au fil des années, il a compris très rapidement les tenants et aboutissants du dossier de la collusion. Intelligent, perspicace et ayant beaucoup de suite dans les idées, c'est un enquêteur assez redoutable. Quand il pose une question, il sait d'avance, selon la réponse qu'on va lui donner, quelles seront les questions suivantes et où elles le mèneront. Il s'agit aussi d'une bonne personne avec qui j'ai développé un lien sinon d'amitié, tout au moins de sympathie. Même après mon témoignage à la Commission, nous avons maintenu le contact. Encore aujourd'hui, il me texte ou m'appelle pour prendre des nouvelles de moi et de mes enfants, et il nous arrive de déjeuner ensemble de temps à autre.

Dario Noël, que je ne connaissais pas auparavant, est une personne assez froide au premier abord, comme on imagine

---

4. Le projet Colisée était une vaste enquête menée par une équipe conjointe sous la coordination de la Gendarmerie royale du Canada, avec la collaboration de la Sûreté du Québec, du Service de police de la Ville de Montréal, du Service de protection des citoyens de Laval, de l'Agence des services frontaliers du Canada et de l'Agence du revenu du Canada. Elle a mené, le 22 novembre 2006, à la plus importante rafle antimafia de l'histoire canadienne avec l'arrestation et la mise en accusation de 90 personnes.

que le sont la plupart des policiers. Quelles que soient les circonstances, il affiche toujours un visage impassible et impénétrable. Mais j'ai appris à le connaître avec le temps et, surtout lorsque j'ai entrepris mon témoignage devant la Commission, il s'est montré beaucoup plus détendu. Du reste, son sérieux et sa rigueur font aussi de lui un enquêteur extrêmement compétent.

Je faisais alors face à plusieurs chefs d'accusation et, pour cette raison, je craignais que ces deux policiers me considèrent plus ou moins comme un criminel et me traitent à l'avenant. Mais j'ai vite compris que mes appréhensions n'étaient pas fondées. Ils m'ont toujours traité avec professionnalisme et considération, et c'est un lien de respect mutuel qui s'est établi entre nous. Je n'étais pas heureux d'être dans la situation où j'étais, mais ces personnes-là avaient un travail à faire et je respectais ça. Cela dit, il est certain que s'ils s'y étaient pris de façon cavalière et agressive, connaissant mon caractère impulsif, les ponts auraient été coupés assez rapidement.

Une première rencontre avait été organisée, début mai, avec les deux enquêteurs et le procureur de la Commission, Denis Gallant. Mais elle n'avait pas débuté sous de très bons auspices. Avant que la réunion commence, Érick Roy m'avait prévenu que Gallant avait un caractère assez fort et que ses méthodes d'interrogation étaient parfois plutôt musclées. Effectivement, le procureur avait décidé d'entrée de jeu de me provoquer en disant que je faisais partie de la mafia. Je n'avais pas beaucoup apprécié. J'avais répliqué aussitôt en le prévenant que, si c'était ainsi qu'il voulait procéder avec moi, nous n'avions plus rien à nous dire, que j'allais me lever et quitter la pièce. L'atmosphère s'était ensuite apaisée. Le procureur et les enquêteurs m'ont expliqué la nature de leur travail à la Commission, où ils désiraient aller et ce qu'ils attendaient de moi. Au bout d'une demi-heure, nous nous sommes laissés en convenant de nous revoir.

J'ai retrouvé Roy et Noël quelques jours plus tard et, au bout d'une ou deux rencontres, j'ai réalisé qu'ils étaient très bien informés, qu'ils disposaient de beaucoup de renseignements, documents écrits, vidéos et enregistrements audio provenant de Colisée. J'ai compris que ces gens-là étaient sérieux, qu'ils avaient la volonté d'aller au fond des choses et de comprendre véritablement quels étaient les problèmes qui affectaient le milieu de la construction. Ce ne serait pas une commission d'enquête bidon. À partir de ce moment, je leur ai offert toute ma collaboration. Nous nous sommes vus tout l'été, à raison d'une ou deux séances de travail hebdomadaires de deux ou trois heures chacune.

Les enquêteurs avaient des renseignements, des pistes, des extraits de conversations issus d'écoute électronique. Érick Roy, comme je l'ai mentionné, connaissait très bien la situation de Boisbriand, mais il ignorait l'ampleur du système de collusion à Montréal et à Laval. À cet égard, je crois, en toute modestie, avoir fourni aux enquêteurs une sorte de formation assez étendue sur la collusion, mais aussi sur les méthodes de financement des partis politiques. Je leur ai fait comprendre comment tout cela fonctionnait. Nous avons réalisé ensemble un travail colossal de déblayage, consacrant énormément de temps et d'énergie à étudier un à un des contrats et d'autres types de documents, à valider des informations et à corroborer des faits.

J'ai été très impressionné, tout au long de ces travaux préparatoires et au cours de mon témoignage, non seulement par la capacité de compréhension et d'analyse de Roy et de Noël, mais aussi par leur immense efficacité et celle de l'ensemble du personnel de la Commission. Dès qu'ils avaient besoin d'un document particulier d'une entreprise pour faire avancer un dossier, ils ne lambinaient pas. Ils allaient voir la juge Charbonneau pour obtenir un mandat de perquisition et, une heure ou deux plus tard, ils avaient le document entre les mains.

***

J'ai tenté, tout au long du processus de préparation de mon témoignage à la Commission, d'établir des liens de confiance avec les enquêteurs. Je n'étais pas là pour mentir, ni pour jouer les épais, mais pour relater les faits que je connaissais, les expériences que j'avais vécues dans le milieu de la construction. Bien m'en prit.

Au cours d'une séance de travail en matinée – vers la fin du mois de juin –, Roy, Noël et moi avions examiné un fort volume de documentation. Nous avions ensuite commandé de la pizza et Roy m'avait dit :

— Après le lunch, on aura une petite surprise pour toi.

Je me demandais bien de quoi il s'agissait. Est-ce que ce serait une bonne ou une mauvaise surprise ? Je m'attendais à n'importe quoi.

Une fois le repas terminé, Roy me questionne :

— Es-tu déjà allé au Consenza[5] ?

— Oui, à quelques reprises.

— As-tu déjà donné de l'argent à des gens, là-bas ?

---

5. Situé rue Jarry Est, dans l'arrondissement Saint-Léonard de Montréal, le café Consenza a été longtemps considéré comme le quartier général de la mafia montréalaise, à l'époque où celle-ci était dirigée par le clan Rizzuto.

— Me semble que oui, au moins une fois.

Les enquêteurs me font visionner une vidéo dans laquelle on me voit au café Consenza en train de donner de l'argent à Nicolo Milioto, alors président de Mivela Construction, qui collectait le *pizzo* pour la mafia.

— T'as vraiment pas de chance, me dit Érick Roy. Normalement, on devrait pas avoir ce document-là, qui nous a été donné par Colisée. C'est que, de dos, Milioto – avec son crâne chauve – ressemble étrangement au bonhomme Rizzuto. Les gens de Colisée croyaient que c'est à Rizzuto et non à Milioto que tu remettais de l'argent. C'est pour ça qu'ils nous ont fourni cette vidéo.

Habituellement, les versements d'argent à Milioto avaient lieu dans des Tim Hortons ou autres lieux de restauration rapide. Mais cette fois, la veille de Noël, mon père était absent de Montréal et m'avait demandé d'aller saluer et souhaiter un Joyeux Noël en son nom aux habitués du café Consenza, dont plusieurs avaient grandi avec lui à Cattolica Eraclea en Sicile.

En répondant franchement à une question embarrassante, j'avais approfondi le lien de confiance que j'avais déjà établi avec les enquêteurs. À partir de ce moment, la collaboration a été plus ouverte et il a été plus facile de faire progresser les travaux.

De mon côté, j'ai aussi beaucoup appris au contact de ces deux enquêteurs. Ils m'ont permis de comprendre comment le système de justice fonctionne, comment les enquêtes se déroulent, qui tire quelles ficelles et de quelle manière se négocient les arrangements pour atteindre certains objectifs.

Je constatais ainsi que l'administration de la justice n'est pas une science exacte, qu'il y a des gens à l'intérieur du système qui font des choix qui peuvent aller dans une direction plutôt qu'une autre et favoriser l'un plutôt que l'autre. Ayant moi-même vécu mes propres expériences avec le système (lesquelles étaient d'ailleurs encore loin d'être terminées), mon niveau de confiance envers celui-ci demeurait pour le moins relatif. Mais chaque fois que j'exprimais mes doutes sur la question, Érick Roy me disait :

— Lino, fais confiance à la justice.

***

Quelques semaines avant que je commence à collaborer avec les agents Roy et Noël aux travaux préparatoires à mon témoignage devant la commission Charbonneau, j'avais eu vent d'une conversation qui m'avait troublé, c'est le moins qu'on puisse dire.

Comme chacun le sait, le monde est bien petit. Or, au début de 2012, le procureur en chef adjoint de l'UPAC, Sylvain Lépine – qui à ce titre était au courant de la preuve dans le procès de Boisbriand – déjeune avec un avocat dont il ignorait qu'il était un de mes amis. Il y a des élections dans l'air et la Coalition Avenir Québec de François Legault a le vent dans les voiles et est à la recherche de candidats de prestige en vue du prochain rendez-vous électoral. Au cours des mois précédents, la CAQ et l'Action démocratique du Québec – avec qui elle venait de fusionner – avaient fait de la lutte contre la corruption l'un de leurs principaux chevaux de bataille et, même si la commission Charbonneau venait d'être créée, le nouveau parti désirait se présenter devant l'électorat comme celui qui lave plus blanc que blanc.

Bien que militant péquiste de longue date, Sylvain Lépine avait été sollicité par la CAQ pour être candidat et n'avait apparemment pas fermé la porte à cette possibilité. Il s'en était ouvert à mon ami en précisant que si la CAQ prenait le pouvoir, il se pourrait bien qu'il soit nommé ministre de la Justice. De fil en aiguille, il lui avait aussi confié qu'il y avait dans la preuve de la Couronne dans le procès de Boisbriand des passages caviardés, mais dont le contenu était assez facile à deviner, où il était question de liens suspects entre Sam Hamad – ministre du Développement économique dans le cabinet Charest –, la firme d'ingénieurs Roche et l'ancien ministre Marc-Yvan Côté, qui en était alors le vice-président au développement des affaires. Lépine évoque ensuite le fait que, si d'aventure ces éléments de preuve étaient rendus publics par les médias, le gouvernement de Charest serait « dans la merde » et il appelle carrément de ses vœux un tel coulage de la preuve, en disant qu'il faudrait s'organiser pour que le document sorte dans les médias.

Après que mon ami avocat m'eut fait rapport de cette rencontre, je suis allé vérifier moi-même le document – que j'avais en ma possession parce que j'étais partie à ce procès – et j'ai pu confirmer l'existence de ces passages caviardés.

Quelques mois plus tard, le 12 avril 2012, l'émission *Enquête* de Radio-Canada présentait un reportage – intitulé *Anguille sous Roche* – de Marie-Maude Denis qui avait mis la main sur la preuve de la Couronne dans le procès de Boisbriand.

Inutile de dire que, à ce moment-là, ma confiance en la justice – que me recommandait constamment Érick Roy en toute bonne foi – fut sérieusement ébranlée. Que la Couronne ou la police ait coulé de l'information privilégiée aux médias pour des motifs d'ambition politique, ou pour quelque autre raison, m'inquiétait énormément.

Quelques semaines plus tard, au cours d'une pause dans nos travaux préparatoires, pendant que nous n'étions pas enregistrés, je dis à Érick Roy :

— Érick, tu me dis toujours qu'il faut faire confiance à la justice, mais c'est pas toujours évident.

— Pourquoi tu me dis ça ?

Je lui raconte alors l'histoire que je viens de relater. Il est devenu blanc comme un drap. On aurait dit que je lui avais scié les deux jambes.

— Lino, veux-tu me répéter ce que tu viens de me dire ? C'est très grave.

— Je vais te le répéter autant de fois que tu veux.

— Ce que tu me dis là, c'est extrêmement grave. Mon devoir de policier m'oblige à faire un rapport à mes supérieurs.

— C'est pour ça que je te le dis. Parce que, quand je vois ça, j'ai beaucoup de difficulté à croire en la justice.

La procureure de la Couronne était furieuse à propos de cette fuite, qui pouvait vraiment faire avorter le procès. Elle parlait de réclamer une enquête criminelle afin d'en connaître l'origine. Lépine – qui est le patron de la procureure – ne sait évidemment pas que je suis au courant de ses confidences à mon ami.

En juin, nous nous retrouvons donc tous au palais de justice, où un juge doit répondre à une requête de la Couronne pour que Radio-Canada cesse de diffuser ce reportage sur l'ensemble de ses plates-formes jusqu'à la conclusion du procès.

Pendant une pause, je suis dans le corridor avec mon avocat, alors que la procureure et Lépine ne sont pas très loin de nous. Je dis à mon avocat, assez fort pour que tout le monde entende :

— Qui nous dit que ce n'est pas la Couronne ou la police qui a coulé la preuve dans les médias?

Nous sommes ensuite revenus devant le juge. Radio-Canada a consenti à retirer le reportage en question, et le dossier a été fermé.

Les semaines passent et je n'entends plus parler de cette affaire. Jusqu'à ce que, quelques jours avant mon témoignage à la commission Charbonneau – nous étions vers la mi-septembre –, je reçoive un appel d'enquêteurs de l'UPAC que j'avais déjà rencontrés, lesquels me donnaient rendez-vous le lendemain à 10 h au siège social de la Sûreté du Québec, rue Parthenais à Montréal.

Je m'y présente à l'heure dite et je suis aussitôt conduit à une salle de réunion où m'attendent deux hauts gradés de la SQ affectés à la lutte au crime organisé, Michel Pelletier et Michel Forget.

— Savez-vous pourquoi vous êtes ici? me demande l'un d'eux.

— Aucune idée.

— Vous avez dit à un de nos enquêteurs qu'il se serait passé des choses avec le procureur en chef adjoint de l'UPAC. C'est une affaire très délicate. Nous aimerions savoir ce qui est arrivé. Nous allons prendre votre déclaration.

Une fois ma déclaration complétée, ils m'ont demandé si je désirais en avoir une copie. Je leur ai dit que non, que si jamais elle se retrouvait dans les médias, je ne voulais pas être soupçonné de l'avoir coulée.

Puis nous nous sommes quittés, après que ces patrons de la SQ m'eurent souligné à grands traits qu'ils préféraient que ce dossier demeure confidentiel.

Quelques jours plus tard, des agents de la GRC rencontraient également mon ami avocat pour recueillir sa version des faits.

Environ une semaine après la fin de mon témoignage à la Commission, le 19 octobre 2012, j'apprends par la télévision que Sylvain Lépine a été nommé juge à la Cour du Québec par le nouveau ministre péquiste de la Justice, Bertrand St-Arnaud.

J'envoie aussitôt un message texte à Érick Roy.

— Érick, t'as vu qui vient d'être nommé juge? Aie confiance en la justice.

Sa réponse fut brève, mais éloquente.

— Tabarnac! À suivre.

Mais il n'y avait plus grand-chose à suivre. Je suis certain que les autorités policières n'ont même pas eu le temps de terminer leur enquête.

***

J'avais décidé de collaborer avec la commission Charbonneau et les autorités policières avant et pendant les audiences. Tout au long de l'été, j'ai eu plusieurs rencontres avec des gens de l'UPAC, la plupart du temps dans des chambres d'hôtel à Montréal et un peu partout dans les environs. Ces rencontres portaient essentiellement sur le financement des partis politiques. Mais il y a des limites que j'ai refusé de franchir.

Ainsi, quelques semaines avant le début de mon témoignage, deux agents de la Sûreté du Québec sont venus me voir pour me proposer un marché: on laissait tomber toutes les accusations qui pesaient contre moi en échange de ma collaboration à une enquête sur le crime organisé. La police m'aurait fourni une protection complète, un changement d'identité et une relocalisation, en plus de s'occuper de vendre ma maison et mes commerces. J'ai carrément refusé en leur disant que jamais je ne collaborerais à ce type d'enquête. J'étais d'accord pour parler de ce que je connais : la collusion, les pratiques dans le milieu de la construction, le financement des partis politiques. Mais m'attaquer au crime organisé ? Pour qui ils me prenaient ? Don Quichotte ? De toute manière, je ne sais rien de plus sur la mafia que ce qu'en disent les médias. Je ne faisais pas affaire avec elle, je n'y ai jamais été mêlé directement et je ne saurais pas expliquer ses modes de fonctionnement. Pourquoi serais-je allé sur ce terrain-là alors que je n'y connaissais rien ?

Ils sont revenus à la charge le jour même de mon témoignage, à peine dix minutes avant que j'entre dans la salle, croyant sans doute que je craquerais au dernier moment. C'était bien mal me connaître.

— Je vous ai dit non une fois et je vous le redis : c'est encore non. Et assurez-vous de ne plus jamais demander une chose pareille à des témoins dix minutes avant qu'ils comparaissent. Vous allez tous les faire fuir.

Une autre fois, deux semaines avant le début de mon témoignage, deux enquêteurs de l'UPAC, que je connaissais et qui travaillaient sur le dossier de Laval, sont venus me voir pour que je leur donne un coup de main. Ils filaient le maire Gilles Vaillancourt depuis quelque temps déjà et connaissaient ses petites habitudes, notamment le fait qu'il allait souvent prendre son repas du midi dans la zone de restauration du Carrefour Laval. Ils voulaient que je croise Vaillancourt, soi-disant par hasard, et que je lui tire les vers du nez sur sa possible comparution devant la commission

Charbonneau, tandis que j'aurais porté sur moi un transmetteur de poche qui aurait enregistré notre conversation. J'étais assez étonné parce que ma compagnie ne travaillait pas à Laval. Ils semblaient y tenir beaucoup, mais j'ai refusé parce que je ne me sentais pas à l'aise avec ce genre de procédé.

L'ironie du sort a voulu que, quelques jours plus tard, alors que j'étais à Laval au Marché 440, je tombe face à face avec Gilles Vaillancourt. J'avais aussitôt composé le numéro de téléphone de Dominique Lacasse, l'un des deux agents qui m'avaient fait la proposition, pour lui dire :

— J'espère que votre filature de Vaillancourt se passe bien. En tout cas, si jamais vous avez perdu sa trace, il est juste en face de moi au Marché 440.

Mon interlocuteur avait pris la chose en riant.

***

Le mardi 25 septembre, j'avais rendez-vous à Laval à 13 h pour une séance de travail avec les enquêteurs. Une fois l'équipe arrivée sur place, Érick Roy me dit :

— Y a un petit changement, Lino. Fini les séances, tu commences à témoigner demain. Tu vas chez toi, tu prépares tes valises, tu règles ce que t'as à régler et après on s'en va en ville.

C'est comme si j'avais reçu un coup de deux par quatre en plein front. Je savais bien que ça finirait par arriver, mais je me sentais quand même pris au dépourvu. J'étais le premier témoin non expert à être appelé à la barre et je me demandais pourquoi. Il allait y en avoir des dizaines et j'étais loin d'être le plus gros joueur de l'industrie de la construction à devoir témoigner.

Je collaborais avec les enquêteurs depuis déjà plusieurs semaines, mais je ne connaissais pas leur plan de match ni celui des procureurs de la Commission. Je ne dirais pas que j'étais contrarié par cette annonce, mais à tout le moins craintif. Comment ça se passerait ? Quelle attitude auraient les procureurs avec moi ? Allaient-ils tenter de me mettre en boîte ? Allais-je avoir de la difficulté à m'exprimer ? Allais-je bégayer ? Toutes sortes de questions me traversaient l'esprit.

Les enquêteurs m'avaient dit de prendre le temps qu'il fallait pour mettre de l'ordre dans mes affaires. Et il y avait beaucoup à faire : voir mes parents, mon ex-conjointe et mes enfants ; prévenir l'école parce que mes enfants allaient faire l'objet d'une protection policière ; préparer les payes des employés du restaurant et donner les instructions nécessaires au gérant. Et bien sûr préparer ma valise, car j'allais être réquisitionné pendant plusieurs jours par la Commission.

J'ai d'abord appelé mes parents à qui j'ai donné rendez-vous à ma pizzeria, où je leur ai appris que je commençais à témoigner le lendemain. J'ai aussi annoncé la nouvelle par téléphone à mon oncle Jean, dont je suis très proche. Je suis ensuite allé chercher mes enfants à l'école et je les ai conduits chez mon ex-conjointe pour leur expliquer à tous la situation.

Entre-temps, Érick Roy m'apprend qu'il vient de communiquer avec les gens de la Commission, que la comparution du témoin alors à la barre s'éternisait, que je ne témoignerais certainement pas avant l'après-midi du lendemain et que je pouvais passer la nuit chez moi. Noël et lui passeraient me prendre le lendemain à 9 h 30.

J'avais donc un bref répit avant de faire face à la musique.

CHAPITRE 9

Témoignage

Je préviens d'emblée le lecteur que, dans ce chapitre qui porte sur mon passage à la commission Charbonneau, je n'ai pas l'intention – pour des raisons qui me paraissent évidentes – de revenir sur le contenu de mon témoignage qui a duré huit jours, répartis sur une période de trois semaines. Tout cela est abondamment documenté. Quiconque veut se rafraîchir la mémoire à ce sujet peut facilement consulter les multiples articles et reportages qui y ont été consacrés, et même lire ou visionner en ligne l'intégralité de mon témoignage. J'évoquerai plutôt, dans les lignes qui suivent, les dessous et les à-côtés de la Commission, et les sentiments qui m'ont habité durant cet épisode.

* * *

Ce matin du 26 septembre 2012, je me suis levé tôt après une nuit presque blanche, où le petit hamster dans mon cerveau n'a pas cessé de faire tourner sa roue.

Vers 8 heures, je suis à ma pizzeria afin de finaliser quelques affaires lorsque mon cellulaire se met à sonner : c'était la journaliste Marie-Maude Denis – avec qui j'avais développé au fil des derniers mois des relations cordiales – qui m'appelait pour obtenir un renseignement sur un dossier particulier. Je l'écoutais d'une oreille distraite, sans vraiment porter attention à ce qu'elle me disait. Tout à coup, elle me lance :

— Qu'est-ce que tu as, Lino ? Tu n'es pas comme d'habitude.

— Oui, je suis un peu stressé. Je suis le prochain témoin à la Commission.

— Quoi ?

— Je pars bientôt et je commence à témoigner cet après-midi.

Pour elle, c'était évidemment un gros scoop et j'ai réalisé trop tard que j'aurais dû rester discret. C'est que les dirigeants de la commission Charbonneau – sans doute pour des raisons de sécurité – tenaient absolument à ne jamais annoncer à l'avance l'identité du prochain témoin. C'est une règle qu'ils ont observée tout au long des audiences.

— Sois *cool*, Marie-Maude, sors pas ça tout de suite, lui dis-je. Ils veulent vraiment pas que ça se sache.

— Tu peux me dire quand je pourrai le sortir ?

— Écoute. Une fois rendu là-bas, je n'aurai plus de cellulaire. Si à 14 h t'as pas de nouvelles de moi, vas-y.

Puis, avant de mettre fin à la conversation, elle m'a dit :

— Fais-le pour tes enfants, Lino. Arrange-toi pour que le monde de la construction change.

— C'est une grosse commande que tu me passes là.

— J'ai confiance.

À 9 h 30, Érick Roy et Dario Noël étaient devant chez moi. Nous nous sommes dirigés vers le siège de la Commission, au 500, boulevard René-Lévesque Ouest. Mais la comparution du témoin qui me précédait – le lieutenant-détective Éric Vecchio, de la police de Montréal – traînait en longueur et les enquêteurs ne voulaient pas que j'entre trop tôt, afin de ne pas être vu des journalistes. Pour tuer le temps, nous nous sommes rendus sur la Rive-Sud et nous avons déjeuné dans un restaurant Mikes de Brossard. Mais il était dit que mon témoignage ne commencerait pas ce jour-là. En fin de journée, Éric Vecchio était toujours à la barre. Nous sommes donc rentrés à l'hôtel Delta – fermé depuis – à l'angle des rues Saint-Antoine et Université, où nous allions passer la nuit.

J'étais en compagnie des deux enquêteurs lorsque RDI a annoncé que j'allais être le prochain témoin de la commission Charbonneau. Ce fut la panique chez mes compagnons. «Comment ils ont su? Est-ce qu'ils nous ont vus? Est-ce que c'est quelqu'un de l'intérieur qui a coulé l'information?»

— As-tu parlé à quelqu'un de Radio-Canada cet aprèsmidi? me demande l'un des deux agents.

— Mais non. Mon cellulaire est fermé.

C'était bien sûr un mensonge, même si le côté un peu plus élastique de ma conscience me disait qu'effectivement j'avais parlé à Marie-Maude le matin, et non l'après-midi, et que je n'avais commis, en fait, qu'une restriction mentale. Je n'ai jamais avoué aux agents Roy et Noël que j'étais l'auteur de la fuite.

Le lendemain matin, nous avons quitté l'hôtel à 6 h 30 pour nous rendre au siège de la Commission, où j'ai passé toute la matinée dans une petite salle attenante à la salle d'audience, à attendre que l'agent Vecchio termine son témoignage qui se prolongeait. Finalement, il a quitté la barre à la pause de 15 h 30. Le procureur Denis Gallant est alors entré pour me dire:

— Monsieur Zambito, êtes-vous prêt?

— Ça fait une journée et demie que j'attends. Je pense que je suis prêt, oui.

— Si vous ne vous sentez pas à l'aise de commencer maintenant, on peut attendre à lundi matin.

— Non, non. Je suis là, je vais au moins pouvoir me familiariser avec le fonctionnement de la Commission.

— Oh, vous savez, ça ne sera pas tellement compliqué : vos origines, votre CV, votre compagnie. C'est à peu près tout.

J'avoue avoir été très impressionné quand je suis entré dans la salle d'audience à 16 h. L'endroit était bondé. Et toutes ces caméras, les procureurs, les avocats, les journalistes et la retransmission en direct à la télévision… On se sent vraiment tout petit dans un tel environnement. Du coup, au moins pour un moment, la nervosité s'est emparée de moi. Mais une fois à la barre, il n'était plus question de reculer.

Le procureur Gallant m'avait laissé entrevoir une petite demi-heure peinarde pour mon premier passage à la barre des témoins. Mais c'est un homme qui a le sens du spectacle et, de toute évidence, il voulait que la commission Charbonneau soit au centre de l'actualité au cours du week-end qui débutait le lendemain. Alors, après les questions d'usage et quelques minutes à peine avant la suspension des travaux, il a posé la question qui tue :

— Vous payiez une cote à la mafia, monsieur Zambito ?

Et, à la suite de ma réponse affirmative :

— C'était quoi, le montant ?

Ce fut comme un coup de poing en pleine figure. C'était certainement l'une des choses dont j'étais le moins à l'aise de parler. C'est alors qu'une petite voix à l'intérieur de moi m'a soufflé : « Bon, ben, mon Lino, c'est parti ! Et c'est parti sur les chapeaux de roues. »

On m'a assuré par la suite que les journalistes – qui n'étaient pas dans la salle d'audience, mais dans une pièce attenante où ils suivaient les travaux sur un écran – se sont mis spontanément à applaudir lorsque j'ai dit à la Commission que le montant du *pizzo* versé à la mafia était de 2,5 % de la valeur de chaque contrat. Je venais en effet de confirmer trois à quatre années de leur travail.

Une fois la séance terminée, on ne m'a pas laissé sortir tout de suite, pour des raisons de sécurité. En compagnie de Roy et de Noël, je me suis rendu à la cafétéria où nous avons regardé les nouvelles à la télévision. Il n'y en avait que pour mon témoignage. Gallant avait bien préparé sa mise en scène.

J'ai quitté le siège de la Commission vers 19 h, accompagné cette fois non plus des deux enquêteurs, mais d'une équipe d'agents de la Sûreté du Québec affectés à ma sécurité. Pendant trois semaines, je n'allais jamais me déplacer sans eux, prenant place dans une fourgonnette banalisée, toujours suivie et précédée d'une escorte motorisée.

***

Le lendemain, comme chaque vendredi, la Commission ne siégeait pas. J'ai passé toute la matinée dans ma chambre d'hôtel, à me tourner les pouces. En outre, les gens de la sécurité – qui durant tout mon séjour à la Commission occupaient des chambres communicantes – m'interdisaient d'utiliser mon téléphone cellulaire, par crainte que les ondes qu'il émettait permettent de me localiser. Je ne pouvais donc communiquer avec personne, en particulier mes proches dont je m'inquiétais à la suite de mon témoignage de la veille.

Vers midi, j'explique à un des agents chargés de ma sécurité que je n'ai pas l'intention de moisir dans cette chambre durant tout le week-end et que j'ai besoin de prendre l'air. Il réfléchit quelques secondes et me demande :

— Est-ce que tu connais des gens à Tremblant ?

— Oui.

— Alors, c'est pas une bonne idée. À Saint-Jean-sur-Richelieu ?

— Non.

— OK. Vers 15 h, on va t'emmener là-bas. Tu vas pouvoir marcher, courir si ça te chante, aller dehors tant que tu voudras.

La SQ avait un arrangement avec le Collège militaire de Saint-Jean, selon lequel elle pouvait disposer d'un certain nombre d'appartements bien aménagés qui étaient situés à l'intérieur de ses limites, lesquelles étaient clôturées et présentaient donc un avantage sur le plan de la sécurité. Ils m'y ont déposé le vendredi soir et sont revenus me chercher le dimanche midi.

De retour à Montréal, nous nous sommes installés au Marriott du centre-ville, à proximité des locaux de la Commission. Ce soir-là, nous avons soupé au St-Hubert du Complexe Desjardins, où il était clair que les gens me reconnaissaient. Nous avons expédié notre repas en un temps record pour vite rentrer à l'hôtel.

Le lendemain, j'entreprenais ma première journée complète de témoignage à la Commission. L'interrogatoire du procureur Gallant était assez serré, mais c'est une journée où j'ai vraiment commencé à comprendre les mécanismes de la Commission, à apprendre à faire le vide autour de moi et à entrer dans ma bulle pour répondre correctement aux questions et, ce faisant, à gagner en confiance.

De retour dans ma chambre, ce lundi vers 18 h 15, j'ouvre mon cellulaire, comme je le faisais chaque jour vers cette heure-là, pour écouter rapidement mes messages. Tout à coup, la sonnerie se fait entendre : numéro inconnu. Malgré les conseils des agents qui étaient avec moi, je décide de répondre.

— Salut, Lino. Comment ça va ? C'est Alain Gravel.

J'avais rencontré Gravel par hasard, quelques mois auparavant, dans les couloirs de Radio-Canada, et nous avions sympathisé malgré tout. Bien sûr, je pensais que son reportage du 15 octobre 2009 m'avait fait beaucoup de tort, mais je reconnaissais qu'il avait un travail à faire, et c'est une chose que je respecte.

— Je peux pas te parler, Alain. Je suis sous protection.

— T'es où ?

J'éclate de rire.

— Penses-tu vraiment que je vais te le dire ?

Puis il me propose une entente. Il allait m'appeler chaque jour vers la même heure pour glaner quelques informations sur la Commission, confirmer certains faits et prendre la température. De mon côté, cela me permettait de sonder la communauté journalistique sur la manière dont elle réagissait à mon témoignage. C'était à mes yeux un échange mutuellement profitable.

Ainsi, pendant les trois semaines qu'a duré mon passage à la commission Charbonneau, je me suis entretenu presque chaque soir avec Alain Gravel.

***

Mais le lendemain, le mardi 2 octobre, ce fut un peu plus difficile. J'avais mal dormi la nuit précédente, je me sentais triste et irritable et je n'avais pas autant de facilité que la veille à entrer dans ma bulle. À la pause du matin, les enquêteurs – qui avaient remarqué que je n'étais pas dans mon assiette – sont venus me voir pour me dire que je n'avais pas l'air en forme et me demander ce qui n'allait pas.

— Je suis désolé, les gars. Ça fait presque une semaine que j'ai vu mes enfants et c'est en train de me rattraper. Ils me manquent terriblement.

Lorsqu'ils ont appris à la juge Charbonneau la raison de ma morosité, celle-ci leur a aussitôt donné des directives pour que je puisse voir mes enfants le soir même. À la pause de l'après-midi, le patron des policiers chargés de la sécurité m'annonce :

— Tu vas voir tes enfants ce soir. On a déjà appelé ton ex-conjointe. Elle t'attendra chez tes parents avec les enfants. Tu souperas avec eux. On mettra des patrouilleurs en surplus devant la maison et après on te ramène à l'hôtel. Prends le temps qu'il faut.

Quand je suis arrivé chez mes parents en fin d'après-midi, j'étais heureux de revoir ma tribu. Mes enfants, eux, étaient très impressionnés de voir tous ces policiers en jeans avec un pistolet à la ceinture qui s'affairaient autour de moi. Nous avons mangé ensemble et passé toute la soirée en famille, et ça m'a fait énormément de bien.

***

Le lendemain, le mercredi 3 octobre, j'avais retrouvé mon aisance à la Commission. Ce jour-là, il a beaucoup été question – en non-publication, parce que mon procès n'avait pas encore eu lieu – des événements de Boisbriand que j'ai relatés en grande partie dans le chapitre 5.

Le soir, en compagnie des policiers chargés de ma sécurité, nous sommes allés manger un steak chez Keg, dans le

Vieux-Montréal. Ils m'avaient demandé de rapporter de chez moi une casquette de baseball qu'ils voulaient que je porte les rares fois où nous serions dans des lieux publics. Pas très élégant, j'en conviens, mais il faut ce qu'il faut pour demeurer à peu près incognito. Par la suite, ils m'ont proposé d'aller marcher dans le Vieux-Port. En route, l'un des deux agents – qui connaissait ma passion pour le cigare, une habitude que j'ai abandonnée depuis – entre dans un magasin de tabac et en ressort avec un cigare long comme ça qu'il me tend en disant : « Tu le mérites. »

Cet épisode me donne l'occasion de souligner à quel point j'ai été traité aux petits oignons durant mon passage à la commission Charbonneau. Tous les matins, j'avais mon café au lait livré à ma chambre dès mon réveil, tout comme lors des pauses matinales pendant les audiences. Le midi, on me servait tout ce que je désirais. Sans parler des encouragements quotidiens des agents (« Continue, ça va bien ! ») et des petites attentions comme celle que je viens d'évoquer au paragraphe précédent. Tout cela me procurait un sentiment étrange. J'étais accusé au criminel, chacun savait que j'étais loin d'être un ange, mais tout le monde – policiers, procureurs – me traitait avec déférence et respect.

***

À compter de ce jeudi, la commission Charbonneau faisait relâche pour une semaine et j'avais manifesté auprès des autorités mon désir de retourner chez moi durant cette pause. Vers midi, on m'a signifié que c'était possible. Mais je devais signer une décharge libérant la Sûreté du Québec de toute responsabilité, si jamais il m'arrivait quelque chose pendant ce temps, même si les policiers allaient m'accompagner, m'escorter et me protéger tout au long de cette relâche.

Il y avait maintenant une semaine que mon témoignage à la Commission faisait la manchette presque quotidiennement et, si cette période d'inactivité allait me permettre de profiter d'un répit bienvenu, la pression demeurait forte. J'avais le sentiment que la poussière n'aurait pas assez d'une semaine pour retomber et que, même pendant ce moment de repos, j'allais continuer d'être au centre des commentaires au sujet de la Commission. Je m'en étais ouvert à Ben, le chef de mon équipe de sécurité, lors de la pause de l'après-midi.

— T'en fais pas, m'avait-il répondu. Quand tu vas sortir de cette salle en fin de journée, la pression ne sera plus sur toi, mais sur quelqu'un d'autre. On s'est organisés pour faire baisser la chaleur. Je peux pas t'en parler, mais tu verras. Demain, c'est sûrement pas de toi qu'ils vont parler aux nouvelles.

Après la séance, en regardant les nouvelles à la télé, j'ai tout de suite constaté que Ben ne m'avait pas menti. Depuis 15 h 45, l'UPAC frappait à Laval, et pas à peu près : environ 70 enquêteurs avaient été mobilisés pour effectuer des perquisitions un peu partout sur le territoire de la ville, notamment dans les bureaux et à la résidence du maire Vaillancourt, à l'hôtel de ville, à Place Laval où était situé le système informatique, et dans les bureaux d'ingénierie. L'opération allait durer toute la nuit.

Habituellement, ce genre de perquisition se déroule très tôt le matin. J'avais peine à croire que l'UPAC avait procédé en après-midi, simplement pour me faire une fleur. Chose certaine, le résultat était le même : j'allais véritablement sortir de l'actualité pendant une bonne semaine.

Durant ces quelques jours où j'ai habité chez mes parents, je me suis reposé tout en me créant une petite routine. Je me levais tôt – une vieille habitude acquise pendant mes années dans le monde de la construction – et j'allais prendre mon petit-déjeuner dans un restaurant tout proche avant que le gros des clients arrive. Ensuite, j'allais reconduire mes enfants à l'école et je les ramenais en fin d'après-midi, toujours escorté par des policiers qui demeuraient discrets.

Mon père s'inquiétait beaucoup. Quand je lui disais que, la semaine suivante, j'allais faire telle et telle révélation, il me répondait :

— Mais es-tu fou ? Tu vas te faire tirer une balle dans la tête !

— Le temps va me donner raison.

À vrai dire, tous mes proches s'inquiétaient. Il fallait que je les rassure tous – parents, enfants, ex-conjointe – alors que j'avais beaucoup de difficulté à me rassurer moi-même sur la direction que prenait ma vie. En principe, ce fut une semaine de repos ; mais en réalité, il y a eu beaucoup de moments ardus.

***

Au retour de la semaine de pause, j'ai repris mon témoignage pendant trois jours, jusqu'au 17 octobre. Ce jour-là, la séance fut prolongée d'une heure afin de m'éviter d'avoir à revenir le lendemain matin. Après huit épuisantes journées à la barre – heureusement pas consécutives –, j'étais soulagé que ce soit terminé.

J'étais aussi fier de ce que j'avais accompli. J'avais été le premier témoin non expert à avoir travaillé dans l'industrie de la construction et au financement des partis politiques qui confirmait des choses sur lesquelles les journalistes enquêtaient depuis des années. Presque toutes les affirmations que j'y ai faites ont été corroborées. Je crois, en toute modestie, avoir pavé la voie à la Commission et avoir ainsi facilité ses travaux. Ce n'est pas un exercice auquel je me livrerais chaque semaine, cela va sans dire, mais il valait la peine d'être fait. J'ai tenté à ma façon de faire changer les choses, de contribuer à l'assainissement d'une industrie profondément malade.

J'étais également fier de ma performance comme telle. En fait, je me suis étonné moi-même. Pendant toute la durée de mon témoignage, je me suis présenté sans notes, répondant de mémoire. J'ai réussi, la plupart du temps, à tout oublier – journalistes, caméras, le caractère austère de cet environnement – pour me concentrer uniquement sur les questions qu'on me posait. Tout ça devenait un défi à relever : garder ma contenance, répondre aux questions, maîtriser mes sujets, ne pas me faire prendre en défaut par certains procureurs qui souhaitaient de toute évidence que je me contredise. En cela, j'avais suivi à la lettre les conseils d'un de mes amis policiers : « Reste factuel. Raconte ce que tu as vécu et la façon dont tu l'as vécu. Ni plus. Ni moins. Quand tu racontes la vérité et rien d'autre que la vérité, ils auront beau mettre un million de procureurs pour te mettre en boîte, personne ne pourra te contredire. »

Je garde aussi un excellent souvenir de l'ensemble du personnel de la Commission : les enquêteurs Roy et Noël, les agents qui ont assuré ma sécurité et, bien sûr, la juge Charbonneau, le commissaire Lachance et le procureur Gallant. La juge a été très correcte avec moi, n'a jamais haussé le ton à mon endroit et a fait en sorte que je me sente à l'aise dans un environnement qui est loin d'être toujours facile pour les témoins. Quant au commissaire Lachance – un comptable de formation –, il m'a véritablement impressionné par sa rigueur et la pertinence de ses questions et de ses observations pour tout ce qui touchait les chiffres. De son côté, le procureur Gallant s'était avéré un interrogateur redoutable, mais juste, rigoureux et parfaitement civilisé.

Après la suspension de la séance, je me suis retiré avec Érick Roy dans une petite salle. Denis Gallant est alors entré et m'a serré la main en me remerciant. Quelques minutes plus tard, la juge Charbonneau est arrivée en compagnie du commissaire Renaud Lachance. Ils m'ont tous deux remercié et souhaité bonne chance. La juge a ajouté :

— Vous avez jeté les bases de la Commission et je vous en remercie. Si jamais nous pouvons faire quoi que ce soit pour vous, n'hésitez pas.

Justement, j'avais appris à la pause de l'après-midi que la Sûreté du Québec avait décidé de me retirer sa protection dès la fin de mon témoignage et c'est une chose qui me tracassait énormément.

— J'ai une demande à vous faire, madame la Juge. La SQ a décidé de me retirer toute protection à compter de maintenant. Je pense que pour mon bien et celui de la Commission, je devrais continuer d'être protégé au moins pendant un certain temps. Car si jamais il m'arrivait quelque chose, je ne suis pas certain que beaucoup de gens auraient le goût de venir témoigner.

Elle s'est tournée vers les agents de l'équipe de sécurité.

— C'est vrai, ce que me dit M. Zambito ?

— Oui, madame. Nous avons eu instruction de mettre fin à sa protection.

— Vous direz à vos supérieurs que vous allez protéger M. Zambito jusqu'à ce que lui-même en décide autrement. Est-ce qu'on se comprend ?

**

Quand je suis rentré à la maison en soirée, j'ai allumé mon téléphone cellulaire : j'avais tout près d'une quarantaine de messages de demande d'entrevue, dont quatre de Guy A. Lepage. Je le rappelle : l'enregistrement de *Tout le monde en parle* a lieu le lendemain et, si j'accepte d'y participer, je dois être en studio à 18 h Je lui dis que je vais le rappeler dans la demi-heure qui suit.

J'annonce aussitôt à Ben :

— Je vais à *Tout le monde en parle* demain soir.

— C'est pas comme ça que ça se passe, Lino. On déplace pas des escortes pour ça.

— Écoute, Ben. C'est décidé, j'y vais. Si vous ne voulez pas m'accompagner, je vais embaucher quelqu'un au privé.

— Ça, c'est bien toi. OK, on va te suivre.

Le lendemain, l'équipe de sécurité m'accompagnait jusqu'à l'immeuble de Radio-Canada.

CHAPITRE 10

Vedettes

Ce jeudi matin, le jour de l'enregistrement de *Tout le monde en parle*, j'ai appelé l'enquêteur Érick Roy pour le prévenir de mon passage à l'émission. Je n'avais pas vraiment le sentiment d'avoir besoin de l'autorisation des responsables de la commission Charbonneau, mais je ne voulais pas non plus leur donner l'impression que je me foutais d'eux ou que je leur jouais dans le dos. Pas de problème, m'a assuré Roy qui, au bout du fil, m'a même paru enchanté de l'affaire. Je crois bien que les gens de la Commission me voyaient désormais comme une sorte d'agent de relations publiques qui contribuait à augmenter la notoriété de ses travaux.

En fin d'après-midi, j'ai quitté mon domicile en compagnie d'un ami, escorté par des véhicules banalisés de la Sûreté du Québec. Il avait été entendu avec Guy A. Lepage que je n'entrerais pas dans l'immeuble de Radio-Canada par la porte principale, mais plutôt par une entrée de garage à l'arrière de l'édifice.

Accueilli par un recherchiste en arrivant sur les lieux, j'aperçois aussitôt des types bien baraqués, en complet, écouteur à l'oreille, de toute évidence des gardes du corps. J'entends aussi la voix de Céline Dion. Le recherchiste m'explique alors qu'on est en train d'enregistrer avec la chanteuse une émission qui sera diffusée quelques semaines plus tard. Le fan de Céline en moi est épaté et songe que, si Nathalie Normandeau avait été là, elle se serait sûrement écriée : « Mais c'est Céline ! »

Il avait été convenu avec Lepage que j'allais à son émission uniquement pour expliquer ma démarche à la commission Charbonneau. J'étais le premier invité et je quittais le plateau tout de suite après mon entrevue. Mais le recherchiste m'apprend que l'invité suivant est l'ancien ministre du Travail, Jean Cournoyer, et me propose de prolonger ma présence à l'émission. J'accepte.

Il me demande ensuite à quel nom doit être établi le chèque du cachet de ma participation à l'émission. J'étais assez mal à l'aise. Je ne savais pas que ma présence devait être rémunérée.

— Il n'est pas question que je sois payé pour ça, lui dis-je.

— Alors dites-moi à qui vous voulez qu'on envoie le chèque.

— Faites-le à l'ordre de la Fondation de l'hôpital Sainte-Justine.

En sortant de ma loge, je rencontre Guy A. Lepage et Dany Turcotte avec qui je m'entretiens quelques instants.

— Ça va bien aller, m'assure Lepage.

— Après trois semaines à la commission Charbonneau, ça ne m'inquiète pas beaucoup, vous savez.

Sauf que je n'avais pas prévu que je serais accueilli sur le plateau de *Tout le monde en parle* par des applaudissements nourris et une foule debout. À ce moment-là, j'ai vraiment éprouvé un gros malaise. Je me suis dit dans mon for intérieur : « Le monde est vraiment malade. » Je venais d'avouer des crimes graves et voilà qu'on me servait presque une ovation. Je comprenais bien sûr que ce qu'on saluait ainsi, ce n'était pas tant mes crimes que le courage dont j'avais fait preuve en dénonçant le système de collusion et de corruption dans l'industrie de la construction. Je me rappelais aussi qu'un certain Mom Boucher – dont la feuille de route est quand même pas mal plus garnie que la mienne en matière de criminalité – avait déjà été applaudi à tout rompre lors d'un gala de boxe, il y a quelques années, au Centre Bell. Mais disons que, ce soir-là, quelques petits applaudissements polis auraient amplement suffi à mon ego.

Une seule chose me préoccupait vraiment au début de l'entrevue. C'est que je n'étais plus devant la commission Charbonneau, où je bénéficiais de l'immunité – encore que cette soi-disant immunité comporte des limites considérables, comme je l'indiquerai dans un chapitre ultérieur –, mais devant des caméras de télévision. Au moindre faux pas, une poursuite pouvait s'ajouter à la longue liste de problèmes auxquels je faisais déjà face. Mais Lepage – qui n'est pas toujours le plus complaisant des animateurs – avait apparemment décidé de ne pas trop me crucifier. Même la fameuse « question qui tue » avait été assez inoffensive.

— Ça coûte combien, mettre des extras sur votre pizza ?

— Beaucoup moins cher qu'à la Ville de Montréal, avais-je répondu.

Mon entrevue a duré une quinzaine de minutes, après quoi Jean Cournoyer est arrivé sur le plateau. Je savais que le personnage n'avait pas la langue dans sa poche et je me doutais bien qu'il n'allait pas rater l'occasion de me planter. Bien entendu, l'une de ses premières répliques fut, en me désignant d'un air de mépris à peine voilé :

— Il y a 25 000 entrepreneurs dans la province de Québec. S'ils étaient tous comme lui, ça ferait longtemps qu'on serait en faillite, toute la gang.

Évidemment, j'avais décidé de garder un profil bas et il n'était pas question pour moi d'entreprendre un débat avec un homme honorable pour qui, de toute façon, j'ai le plus grand respect. Mais j'aurais sûrement pu lui dire, malgré les fautes que j'ai commises et avouées, que si les politiciens au pouvoir depuis trente ou quarante ans n'avaient pas fait preuve d'aveuglement volontaire face au monde de la construction et avaient effectué leur travail correctement, peut-être qu'on n'en serait pas là aujourd'hui.

Des choses vraiment étranges se sont passées, ce soir-là. En sortant du plateau, je tombe face à face avec Michel Barrette, dont j'admire le talent et dont je suis la carrière depuis le début. Il me serre la main et me demande si j'acceptais d'être pris en photo avec lui. J'étais certain qu'il se payait ma tête. J'ai répondu : « Mais c'est moi qui devrais vous en demander une. » Je me suis finalement prêté au jeu. Son attachée de presse, qui était à côté de lui, a sorti son téléphone intelligent et nous a tiré le portrait.

**

J'étais alors en train de me familiariser avec l'univers des vedettes, où les egos sont parfois surdimensionnés.

En plus de mon passage à *Tout le monde en parle*, je n'avais accepté que deux entrevues : une avec Paul Arcand au 98,5 et une autre à LCN, où j'avais le choix de mon interlocuteur. J'avais décidé que ce serait Mario Dumont. Le recherchiste avec lequel j'avais conclu l'entente m'avait fait remarquer que Claude Poirier ne serait pas très content de mon choix.

— Je ne dois rien à Claude Poirier, lui avais-je répondu assez sèchement.

En fait, à cette époque, je n'avais certainement pas Poirier en odeur de sainteté, c'est le moins qu'on puisse dire. Pendant

Mes grands-parents maternels, Alfonso Rizzuto et Lucia Carmela.

Mes grands-parents paternels, Giuseppina Schembre et Paolo Zambito.

Sinceri
ringraziamenti

Anna e Giuseppe
Zambito

Montreal, 11 Settembre 1965

PHOTO MAGNI - RA. 7-1928

Mes parents au moment de leur mariage, le 11 septembre 1965.

Anna Rizzuto et Giuseppe Zambito, à l'époque où ils ont immigré au Canada.

1

Moi, à six ans, alors que je fréquentais l'école Augustin Roscelli.

Moi, à 15 ans, élève au collège Jean-de-Brébeuf.

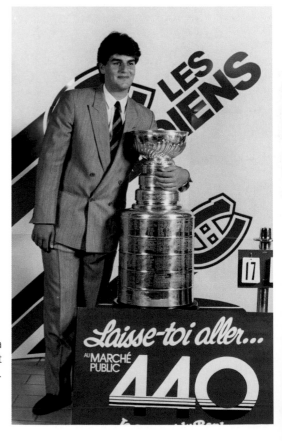

En 1986, je pose devant la coupe Stanley que venaient de remporter les Canadiens.

Mon oncle, le sénateur Pietro Rizzuto, décédé en 1997. « J'ai fait ce que j'avais à faire. Il est temps pour moi de prendre du recul et de me reposer. »

De 1997 à 2011, ma compagnie Infrabec a été au centre de ma vie.

La pizzeria Etcetera, à Blainville, dont j'ai été propriétaire de 2009 à 2012.

3

Au Mexique, en 2001, avec Gilles Surprenant (à l'avant-plan) et Luc Leclerc (à ma gauche), les deux ingénieurs au centre du système de corruption à la Ville de Montréal.

Avec Jean Charest, lors d'un cocktail-bénéfice à Blainville en 2008, à une époque où les gens du Parti libéral ne faisaient pas semblant de ne pas me connaître.

L'enquêteur de la
commission Charbonneau,
Érick Roy. «Fais confiance
à la justice, Lino.»

«J'avais décidé que,
à la commission
Charbonneau, je ne
jouerais pas l'ignorant
ou l'amnésique.»

La commissaire France
Charbonneau. «Vous direz à
vos supérieurs que vous allez
protéger M. Zambito jusqu'à
ce que lui-même en décide
autrement. Est-ce qu'on se
comprend?»

Marlène Cordato. L'ex-député Pierre Descôteaux m'avait dit : « Fais attention à ces gens-là, Lino. C'est une gang de crosseurs. »

En 2008, Leo Housakos – aujourd'hui sénateur conservateur – m'a demandé de financer l'ADQ à raison de 30 000 $ par année, ce qu'il a nié par la suite.

C'est dans le cadre d'un brunch de financement pour sa conjointe de l'époque, Line Beauchamp, que j'ai remis 30 000 $ comptant à Pierre Bibeau, ce qu'il a nié sans trop de conviction lors de son passage à la commission Charbonneau.

DÉVELOPPEMENT

DIRECT

Nathalie Normandeau à la commission Charbonneau. « Nathalie, tu es chanceuse, toi. Tu as Lino dans ton entourage. Il s'occupe bien de toi. »

Bruno Lortie, ex-chef de cabinet de Nathalie Normandeau. « Tu sais, Lino, ma *boss* a pas besoin de tout savoir ce qui se passe. »

Robert Lafrenière, commissaire de l'Unité permanente anticorruption. « Si votre *boss* veut sauver sa job, il va falloir qu'il accuse avant la fin de février. »

Marc Bibeau, grand manitou du financement du Parti libéral du Québec. « J'ai du poids. Quand on a besoin qu'un dossier se règle, ils sont mieux de bouger. »

7

Jacques Dupuis, ministre de la Sécurité publique à l'époque de mon arrestation en février 2011, et son chef de cabinet de l'époque, Pierre Moreau. « Cette mainmise du politique sur le judiciaire était vraiment digne d'une république de bananes. »

Le commissaire Renaud Lachance, un homme brillant, rigoureux et fondamentalement intègre. Mais je m'explique mal qu'il n'ait pas vu le lien entre le financement des partis politiques et l'adjudication des contrats publics.

Le 10 novembre 2015, en compagnie de mes avocats Mes Conrad Lord et Mathieu Poissant, après le prononcé de ma sentence.

mon témoignage à la commission Charbonneau, il avait envoyé des caméras de TVA devant la résidence de mon ex-conjointe et de mes enfants, déclarant que ma protection et celle de mes proches, assurée par la Sûreté du Québec, coûtait une fortune aux contribuables. De plus, il avait affirmé que mon père était décédé depuis trois ans, alors qu'il était – et est encore, Dieu merci – bien vivant.

Quelques semaines plus tard, je le croise dans les corridors du 98,5 et il me dit :

— Tiens, le gars qui a peur de me parler.

— Monsieur Poirier, sauf le respect que je vous dois, je n'aime pas vos façons de faire. Pendant la Commission, vous avez annoncé que mon père était mort. Vous avez créé une onde de choc dans ma famille, chez mes amis, qui croyaient que nous leur cachions quelque chose. Vous avez aussi dit que ma protection coûtait 21 000 $ par jour à la Sûreté du Québec. Vous voulez vous attaquer à moi ? Pas de problème. Mais quand vous envoyez des caméras chez mon ex-femme, vous jouez avec la sécurité de mes enfants et j'ai des gros problèmes avec ça.

Il s'est alors excusé, et une relation a lentement commencé à s'établir entre lui et moi. Il m'appelait de temps en temps et nous discutions de choses et d'autres. En mai 2013, quand le maire par intérim Michael Applebaum a annoncé que la Ville de Montréal allait entreprendre des poursuites contre moi et l'ingénieur Michel Lalonde, afin de « récupérer des sommes volées aux Montréalais », Poirier m'a appelé. J'avais su, par un enquêteur de l'UPAC, qu'Applebaum allait être arrêté sous peu pour des affaires de pots-de-vin. Je lui avais confié le renseignement sous le sceau de la confidence, mais Poirier n'a rien eu de plus pressé que d'aller en ondes à TVA pour dire que Zambito l'avait informé qu'Applebaum allait être arrêté.

Je l'avais rappelé, furieux :

— Crisse, t'es un danger public, toi. Je te fais une confidence et j'ai pas aussitôt le dos tourné que tout le monde le sait.

Le 17 juin suivant, Applebaum est effectivement arrêté. Poirier m'appelle à 6 h 40 pour me dire :

— T'as vu ? Ils l'ont arrêté.

— Ben oui, je te l'avais dit.

J'étais alors en convalescence, ayant subi un mois plus tôt une intervention chirurgicale à cœur ouvert pour corriger une malformation cardiaque congénitale. Il s'aperçoit rapidement que ma voix est éteinte et que ce n'est pas la grande forme. Il me demande ce qui ne va pas. Je lui explique la situation. Puis il m'informe que lui aussi a des problèmes de santé, qu'il a cinq artères cardiaques bloquées et qu'il devra être opéré. Il me demande ensuite si j'acceptais de m'entretenir quelques minutes avec sa femme pour la rassurer sur les suites d'une telle intervention à cœur ouvert. Au bout d'une quinzaine de minutes, il reprend le combiné et me demande à quel hôpital j'avais subi mon intervention.

— À l'Institut de cardiologie de Montréal.

— Ah oui ? Sont bons, hein ?

— Très bons, oui.

— Penses-tu que tu pourrais me faire rentrer là ?

— Je sais pas. Je vais parler à mon cardiologue.

Un peu plus tard, j'envoie un message texte à mon cardiologue, pour lui expliquer que Claude Poirier aimerait qu'un cardiologue de l'ICM puisse le voir. Il me répond aussitôt de lui dire de se présenter à l'Institut le lendemain matin à 9 h.

Quand j'ai rappelé Poirier quelques minutes plus tard, il n'en revenait pas.

— T'es pas mal efficace.

— Oui, mais écoute-moi bien, Claude. Va pas raconter partout dans les médias que je contrôle les hôpitaux de Montréal.

— Non, non. C'est ma vie privée. On parle pas de ça. C'est entre nous.

Le lendemain, il me rappelle : « Merci. Ils m'opèrent dans trois semaines. » Le hasard a voulu que, quelques semaines plus tard, nous nous croisions à l'Institut, où un chirurgien cardiaque avait procédé à l'opération sur la recommandation de mon cardiologue. « Lino, mon ami ! » me crie-t-il d'un bout à l'autre d'une salle. Que quelqu'un m'appelle son ami, après tout ce que j'avais avoué à la commission Charbonneau, c'était déjà un événement. Mais que ce soit Claude Poirier qui le fasse, les gens autour de nous n'en revenaient tout simplement pas.

Deux ans plus tard, en avril 2015, Poirier a raconté l'épisode à l'émission *Tout le monde en parle*, mais à sa façon très particulière qui ne correspondait pas tout à fait à la réalité.

Poirier : J'embarque dans ma voiture. Le téléphone sonne. C'était un des témoins principaux (*sic*) de la commission Charbonneau. J'oublie le nom, là… celui qui a déclenché toute l'affaire.

Lepage : Zambito ?

Poirier : Zambito. Comment ça va, mon Claude ? Très bien. J'ai dit : Y a un cardiologue qui vient de me dire que je devrais avoir quatre ou cinq pontages. Ah ben, y dit : Je vis ça, moi. Je viens de l'avoir. As-tu un cardiologue ? J'y dis : Non. Y dit : Donne-moi ton numéro de téléphone. J'ai dit : Tu l'as, tu viens de m'appeler dans la voiture. Y dit : Dans dix minutes, y te rappelle. Le cardiologue m'a appelé.

Lepage : Le cardiologue de Zambito ?

Poirier : Ouais. C'est lui qui m'a fait opérer par un autre cardiologue.

Je ne me suis pas formalisé outre mesure de cette présentation un peu courte de la réalité qui me faisait passer pour une espèce d'intrigant qui tire les ficelles dans l'ombre. J'ai plutôt choisi d'en rire, notamment parce que tout n'a pas été aussi drôle durant cette période de ma vie.

CHAPITRE 11

Immunité

Ceux qui croient que ma vie a repris son cours normal après mon passage à la commission Charbonneau se trompent lourdement.

Quand je sortais dans des lieux publics, bien des gens me félicitaient d'avoir vidé mon sac devant la Commission. Quelques autres – quand même assez rares, je dois l'avouer – me traitaient de bandit et me souhaitaient de finir mes jours en prison.

Il va de soi que, durant ces trois semaines, j'avais frappé fort et je ne m'étais pas fait que des amis. La Sûreté du Québec – qui continuait d'assurer ma protection dans les semaines suivant mon témoignage – avait eu vent de certaines menaces, notamment de gens qui disaient vouloir mettre le feu à mon restaurant. Les policiers exerçaient donc une surveillance serrée de ma pizzeria, laquelle surveillance était loin d'être subtile. Jour et nuit, une voiture de police aux couleurs de la SQ était stationnée en face. Le chiffre d'affaires s'en était vite ressenti. Les clients avaient fui le restaurant, certains parce qu'ils craignaient la violence, beaucoup d'autres parce qu'ils avaient peur – avec autant de policiers dans le secteur – de trop boire et de devoir subir un alcootest en sortant de l'établissement. Assez tôt, j'ai demandé à la Sûreté du Québec de remplacer les voitures de police par des véhicules banalisés, ce qui fut fait. Les affaires se sont ensuite légèrement replacées.

À vrai dire, je n'ai connu que deux incidents isolés relatifs à ma sécurité personnelle, tous deux dans les semaines suivant mon témoignage à la Commission. Le premier relevait d'ailleurs davantage de l'intimidation que de la menace. Un matin, je me lève pour constater que, pendant la nuit, mon camion – qui était stationné devant la maison – avait été ceinturé de ruban à barricade jaune dont on se sert pour délimiter les scènes de crime et les endroits dangereux.

Le second, cependant, était un peu plus costaud. J'avais donné rendez-vous à une journaliste de CBC dans un restaurant, à l'heure du déjeuner. J'arrive au restaurant et je commande un Perrier en l'attendant. Tout à coup, un membre de la mafia que j'avais déjà croisé, et qui était reconnu pour toujours avoir une arme sur lui selon ce que j'avais lu dans les journaux, s'approche de moi. Je me lève pour lui serrer la main et il me dit de but en blanc, sur un ton agressif et en anglais :

— Tu dois être fier de toute la merde que t'as sortie à la Commission ?

— C'est une question de point de vue. C'est ta perception.

— *You only deserve that I put a fuckin' bullet into your head*[6].

Je suis resté calme, je l'ai regardé droit dans les yeux et je lui ai dit :

— Je suis sous protection. Avant même que tu fasses un geste, tu vas avoir les menottes derrière le dos. Tu croiras pas ce qui t'arrive.

Je me suis levé, j'ai payé ma consommation et je suis sorti du restaurant. J'ai ensuite appelé la journaliste pour lui donner rendez-vous dans un autre établissement.

---

6. « Tout ce que tu mériterais, c'est que je te câlisse une balle dans la tête. »

Même si des situations du genre ne se sont jamais reproduites, inutile de dire que je demeure vigilant en toutes circonstances. Je ne baisse jamais ma garde. Je fais toujours attention aux lieux où je vais et avec qui. J'ai appris à avoir des yeux tout le tour de la tête et à garder le réflexe de tout analyser lorsque je suis en déplacement. En cela, je suis le conseil que m'ont donné plus d'une fois les agents chargés de ma sécurité pendant la Commission, et qui se résume à peu près à ceci: «Fais confiance à ton instinct. Le jour où tu vas cesser de craindre et de te méfier, c'est à ce moment-là que ça va devenir dangereux.»

Bien sûr, je préférerais retourner à ma petite vie tranquille et anonyme. Mais je ne peux pas faire comme si rien n'était jamais arrivé; je dois vivre avec le passé. Je tente de mener une existence normale, de ne pas courir après le trouble, comme on dit. Mais je dois admettre que ma vie a changé à tout jamais.

***

Une fois mon témoignage terminé, j'ai réalisé qu'il me fallait assumer non seulement les choses que j'avais confessées à la commission Charbonneau, mais aussi celles que colportaient faussement certains témoins à mon sujet. Ainsi, le 30 octobre, deux semaines après que j'eus pris congé de la Commission, un certain Martin Dumont, organisateur politique du parti Union Montréal, est venu raconter – entre autres mensonges – que je m'étais déjà rendu aux bureaux du parti, que j'avais pris un café avec lui et que j'y avais rencontré Bernard Trépanier, le directeur du financement d'Union Montréal. Quand je l'ai entendu débiter en direct de telles âneries, mon sang n'a fait qu'un tour. Furieux, j'ai tout de suite envoyé un message texte à Érick Roy dans le style lapidaire qui est le mien : « Ton témoin, c'est un ostie de mangeux de marde. » Il me rappelle aussitôt :

— Qu'est-ce qui se passe, Lino ?

— Ce gars-là, je le connais pas. Je n'ai jamais mis les pieds dans les bureaux d'Union Montréal, je ne connais même pas l'adresse. C'est un menteur.

Plus tard dans la journée, une journaliste de TVA s'est présentée à mon restaurant. Je lui ai affirmé que je ne connaissais pas Dumont et que j'étais prêt à passer le test du polygraphe avec lui pour déterminer qui disait la vérité.

Les gens de la commission Charbonneau n'étaient pas très heureux de ma sortie, parce que j'attaquais la crédibilité d'un de leurs témoins. Érick Roy m'a rappelé pour me demander :

— Coudon, vas-tu t'attaquer à chaque témoin qui passe à la Commission ?

— Tous ceux qui vont répandre des faussetés sur moi, je vais les crucifier sur la place publique ! Ça, tu peux en être sûr !

La suite m'a finalement donné raison. En janvier 2013, Dumont a admis avoir induit la Commission en erreur au sujet d'une liasse de billets totalisant 850 000 $ qu'une réceptionniste aurait eu peine à faire entrer dans le coffre-fort du parti. L'ensemble de son témoignage – dont de nombreux éléments ont été contredits – a ainsi perdu toute crédibilité et a jeté une ombre sur les travaux de la commission Charbonneau.

***

Quand on reçoit une citation à comparaître devant une commission d'enquête, on est tenu de s'y présenter et de dire toute la vérité sous peine d'être reconnu coupable d'outrage au tribunal, et passible d'une peine maximale de 14 ans de prison. En échange, on bénéficie en principe d'une immunité totale et globale. En clair, cela signifie qu'on ne sera pas poursuivi pour les propos qu'on tient devant la Commission. Pour toutes sortes de raisons que je m'apprête à exposer dans ce chapitre, cette immunité soi-disant « totale et globale » est toute relative.

Ma comparution à la commission Charbonneau m'a en effet plongé dans des problèmes financiers et juridiques qui allaient lourdement contribuer à une faillite personnelle le printemps suivant.

En fait, le 30 septembre 2012, avant même la fin de mon témoignage, je reçois une lettre de ma banque – la BMO – m'avisant qu'elle fermait le compte du restaurant. Quelques mois plus tard, elle rappelait le prêt sur ma maison, de toute évidence parce qu'elle ne désirait plus avoir comme client un individu dont l'image ne lui convenait pas. En attendant d'être libéré par la Commission, j'avais simplement fait transférer le contenu du compte du restaurant dans celui d'un autre petit commerce que je possédais, une boulangerie située dans le même secteur de Blainville. L'été précédent, mon associé – dont j'avais racheté les parts quelques semaines auparavant – avait conclu une entente avec Revenu Québec pour le remboursement de sommes dues en TPS et TVQ par chèques pré-autorisés jusqu'en décembre. Le compte ayant été fermé, il fallait conclure une nouvelle entente avec le fisc. Je prends donc rendez-vous avec le fonctionnaire assigné au dossier en compagnie de mon avocate, Me Isabelle Marceau.

J'explique alors au fonctionnaire que le paiement du 30 septembre n'a pu être versé en raison de la fermeture du compte, mais que je suis disposé à honorer l'entente conclue précédemment. Il me fait une réponse que je n'hésite pas à qualifier de grossière, digne de la réputation qu'on a faite à Revenu Québec au fil des ans :

— Vous, avec tout ce que vous avez avoué à la commission Charbonneau, vous n'en avez pas fini avec Revenu Québec.

Je m'attendais à toutes sortes de réponses, mais pas à celle-là. J'ai éclaté de rire et j'ai dit à mon avocate :

— On s'en va d'ici. Ce gars-là mélange tout.

Dans une lettre transmise quelques jours plus tard à Revenu Québec, j'ai quand même signifié officiellement mon intention de respecter l'entente conclue plus tôt et d'émettre des chèques pré-autorisés d'un autre compte, en attendant d'en ouvrir un nouveau. Refus clair et net.

L'immunité protège en théorie contre les poursuites judiciaires (encore que cela reste largement à démontrer, comme je l'indiquerai dans les lignes qui suivent), mais pas contre les fonctionnaires obtus et les banquiers paranoïaques qui condamnent sans procès. J'ai réussi, peu après, à ouvrir un nouveau compte personnel à TD Canada Trust, mais trois mois plus tard je recevais une lettre recommandée dans laquelle on me donnait deux semaines pour le fermer. En tout, il a fallu un an et demi avant que je réussisse à ouvrir un nouveau compte de banque. Pendant la même période, j'ai aussi été incapable d'assurer mon véhicule, que j'ai dû céder à un proche afin de pouvoir l'utiliser. Heureusement, on ne m'avait pas retiré mon permis de conduire, mais je suis certain que si les personnes en autorité avaient pu le faire, elles l'auraient fait.

Face à la mauvaise foi évidente du représentant de Revenu Québec, j'ai compris que ma carrière de restaurateur était terminée. Je me suis tout de suite mis en quête d'un acheteur, que j'ai trouvé assez rapidement. Je lui ai vendu 90 % du commerce et j'en ai cédé 10 % à mon ex-conjointe, parce que nos enfants avaient un lien sentimental avec l'endroit. La vente a été conclue le 1er décembre 2012.

Deux jours plus tard, un lundi matin, des représentants de Revenu Québec débarquent sans préavis pour saisir le restaurant – un de leurs porte-parole avait même donné une entrevue à ce sujet à Paul Arcand au 98,5 avant que nous en soyons informés. J'étais justement présent, afin d'aider le nouveau propriétaire dans le processus de transition. Je demande à l'un des fonctionnaires ce qu'il veut. Il me dit:

— Nous venons saisir le restaurant.

— Vous allez appeler votre patron pour lui dire que ce commerce ne m'appartient plus.

Ils ont dressé l'inventaire et sont repartis. Au bout du compte, après une bataille infernale avec Revenu Québec qui s'acharnait malgré les preuves irréfutables du transfert de propriété, il n'y a pas eu de saisie. Mais la mise en scène a fait beaucoup de tort au commerce, d'autant plus qu'un porte-parole du ministère avait affirmé que le restaurant était fermé.

J'ai donc été crucifié et condamné bien avant mon procès. Mais je n'étais pas au bout de mes peines.

***

En octobre 2009, peu après la diffusion du reportage d'*Enquête*, j'avais commencé à éprouver des douleurs à la poitrine. Mon médecin m'avait alors envoyé d'urgence à l'hôpital du Sacré-Cœur, au nord de Montréal, pour y subir des examens approfondis. Au bout de deux jours, on m'avait posé un diagnostic d'ulcère causé, m'avait-on dit, par le stress. On m'avait renvoyé chez moi avec une ordonnance de Pantoloc et les douleurs avaient cessé.

En février 2013, tandis que je m'entraînais au gymnase, j'ai ressenti des points intenses à la poitrine. J'ai appelé mon cardiologue qui m'a dit de me faire accompagner tout de suite à l'Institut de cardiologie. On m'a fait subir toutes sortes d'examens pour réaliser que je souffrais d'une malformation congénitale, soit une artère coronaire unique – alors qu'il aurait dû y en avoir deux –, ce qui faisait que, à l'effort, le cœur écrasait l'artère. Cette cardiopathie présentait un risque élevé d'infarctus. Le 3 avril, mon cardiologue m'expliquait qu'une chirurgie à cœur ouvert s'imposait, sinon des problèmes sérieux allaient survenir.

J'ai été opéré le lundi 13 mai par la D^re Nancy Poirier à l'Institut de cardiologie. La chirurgie fut un succès, mais j'ai fait une légère crise d'arythmie par la suite, un signe que le stress faisait son œuvre. En tout, je n'ai passé à l'hôpital que six jours – qui m'ont paru six semaines, tellement j'étais en train de devenir fou dans cet environnement, même si j'y ai été traité de manière impeccable.

Un mois plus tard, j'éprouvais de nouvelles douleurs à la poitrine, symptômes d'une péricardite. J'ai dû prendre 40 millilitres de cortisone par jour jusqu'au début de 2014, ce qui m'a fait prendre 35 kilos. Je n'étais vraiment pas bien dans ma peau. Finalement, j'ai pu entreprendre le sevrage de la cortisone et recommencer l'entraînement.

***

Les médecins m'avaient prescrit une convalescence d'au moins deux mois, en évitant autant que possible les situations de stress. Mais ça n'allait pas se passer comme ça.

Fin mai, le maire suppléant Michael Applebaum annonçait, avant même que je reçoive une mise en demeure, que la Ville de Montréal me poursuivait – ainsi que l'ingénieur Michel Lalonde, de la firme Génius Conseil – pour une somme de 300 000 $, relativement au contrat de construction d'un égout collecteur de la rue Sherbrooke Est. Ce geste de petite politique, destiné à mousser sa popularité personnelle, ne touchait pas d'autres firmes de génie, ni d'autres entrepreneurs membres du club de collusion, ni les fonctionnaires pourris de la Ville, mais uniquement deux témoins clés de la commission Charbonneau. Interrogé par des journalistes sur l'immunité dont jouissent en principe les témoins de la Commission, Applebaum a écarté la question du revers de la main en affirmant que l'immunité ne s'appliquait pas à ces cas particuliers.

Je me suis alors tourné vers les procureurs de la commission Charbonneau qui m'ont affirmé que la Ville de Montréal n'était pas en droit de me poursuivre. Mais la prétention de la Ville était que mon immunité ne s'appliquait pas aux cas de fraude et, lors de la première rencontre que mon avocate, Me Marie-Josée Corriveau, et moi avons eue avec ses procureurs, ceux-ci nous ont assuré qu'ils étaient prêts à porter ce débat jusqu'en Cour suprême. (Je n'apprendrai rien à personne en soulignant que la Ville de Montréal ne manque pas d'imagination ni de ressources quand il s'agit de dépenser inconsidérément l'argent de ses contribuables.) C'est un débat long et coûteux que je n'avais ni le temps, ni les moyens, ni l'intention de mener. Nous avons donc commencé, peu après le départ d'Applebaum, à négocier une entente à l'amiable qui a finalement été conclue au début de l'année 2014.

On imaginera sans peine que je n'ai pas versé de larmes lorsque, quelques jours après l'annonce de cette poursuite, Applebaum a été arrêté par l'UPAC.

Pendant ce temps, Revenu Québec ne me lâchait pas d'une semelle, me réclamant des sommes faramineuses et exagérées liées à mon restaurant. En plus, dans la foulée de la faillite d'Infrabec, la compagnie d'assurances Aviva me poursuivait pour un million de dollars, soit le montant de la garantie personnelle de cautionnement que j'avais signée, il y avait déjà plusieurs années.

Face à cette marée montante qui menaçait de m'engloutir, j'ai décidé que je ne me battrais pas pendant dix ans, sans aucune garantie de résultat. Il fallait tirer un trait, me libérer de mon passé. J'ai donc déclaré faillite en juin 2013 et j'ai été libéré de mes dettes en mars 2014.

Là encore, la Ville de Montréal prétendait que la faillite ne me libérait pas de sa poursuite. C'est aussi la prétention de la Ville de Boisbriand qui, en décembre 2015, m'envoyait une mise en demeure me réclamant 10,6 millions $ – soit la somme que je lui aurais supposément volée durant les années où Infrabec a été active dans cette ville. La méthode de calcul utilisée pour obtenir un tel chiffre est absolument farfelue. On a simplement additionné la facture de tous les contrats réalisés par Infrabec pendant toutes ces années pour en arriver à un chiffre d'affaires total d'environ 50 millions $ et me réclamer 20 % de cette somme. On tient ainsi pour acquis que je me suis rendu coupable de fraude sur tous les contrats que mon entreprise a réalisés à Boisbriand, alors que j'ai plaidé coupable à deux contrats seulement. Malgré tout, pour démontrer ma bonne foi, j'ai donné instruction à mes procureurs d'entreprendre des échanges avec ceux de la Ville de Boisbriand. Mais la position de ces derniers est claire : il n'y a rien à négocier ; avec tout ce que j'ai avoué à la commission Charbonneau, il va de soi que je dois 10 millions $ à la ville. Ce n'est pas très étonnant, quand on sait que ce n'est pas l'amour fou entre Marlène Cordato et moi.

La loi 26, adoptée en mars 2015 par l'Assemblée nationale, permet en effet aux organismes publics – dont les municipalités – de récupérer des sommes qui auraient été payées en trop en raison de fraudes ou de manœuvres dolosives dans le cadre de l'adjudication, de l'attribution ou de la gestion de contrats publics. Mais si tous les organismes publics agissent comme le fait la Ville de Boisbriand et considèrent la loi 26 comme une espèce de poule aux œufs d'or, il est évident que cette loi sera résolument contestée, avec de bonnes chances de succès.

En ce qui me concerne, je n'ai pas les moyens de m'engager dans ce débat juridique. Tout ce que je sais, c'est que je prétends ne rien devoir à la Ville de Boisbriand, en raison de l'immunité qui m'a été accordée par la commission Charbonneau et de ma faillite personnelle, qui a été déclarée et entérinée selon les règles de l'art et en vertu de la loi.

***

Dans son rapport final, la commission Charbonneau a proposé, entre autres recommandations, l'adoption de mesures afin de protéger les sonneurs d'alarme – ce que je crois avoir été, dans le cadre de mon témoignage en 2012. En décembre 2015, le ministre de la Sécurité publique, Martin

Coiteux, déposait le projet de loi 87, destiné précisément à faciliter la divulgation d'actes répréhensibles dans les organismes publics. Au moment où j'écris ces lignes, il n'a pas encore été adopté.

La nécessité d'un tel instrument pour protéger efficacement les sonneurs d'alarme – et leur offrir une véritable immunité face à des représailles éventuelles – s'est avérée particulièrement évidente en mai dernier, lorsqu'il a été porté à la connaissance du public que des membres des hautes instances de la fonction publique et du parti au pouvoir – nommément la sous-ministre des Transports, Dominique Savoie, et le chef de cabinet de l'ancien ministre des Transports Robert Poëti, Pierre Ouellet – avaient mis des bâtons dans les roues d'une enquêteuse et camouflé certains rapports dénonçant des irrégularités graves au ministère des Transports du Québec. Tout indique également que c'est parce qu'il posait trop de questions sur ces irrégularités que Robert Poëti – dont la réputation d'intégrité est sans tache – a perdu son poste de ministre.

Voilà un cas patent qui démontre que les sonneurs d'alarme ne sont pas protégés. Le monde de la construction demeurera profondément pourri si, comme cela s'est fait au ministère des Transports, les dénonciateurs sont tablettés, mis à la retraite ou forcés de trouver un autre emploi.

Dès 2011, j'ai été mis au courant de nombreuses irrégularités au ministère des Transports du Québec, qui est le plus important donneur d'ordres au Québec – plus de quatre milliards de dollars par année –, avec Hydro-Québec. Est-ce que les contribuables québécois se sont payé une commission d'enquête qui a duré plus de trois ans et coûté des dizaines de millions de dollars pour attraper quelques petits poissons dans le monde municipal et effleurer à peine ces grands donneurs d'ordres ? Il est impossible que, cinq ans après la création de la commission Charbonneau, aucune enquête n'ait été faite sur le MTQ et que personne n'ait été arrêté.

Il est clair que quelqu'un protège quelqu'un. Sinon, comment se fait-il que le deuxième rapport du dirigeant de l'Unité anticollusion Jacques Duchesneau sur les activités du ministère des Transports (le premier avait été publié en septembre 2011), rédigé après qu'il eut été tassé par le patron de l'UPAC Robert Lafrenière, se soit retrouvé aux Archives nationales du Québec, où personne ne pourra le consulter avant… 2096 ? Comment se fait-il également que le contenu de toutes les enquêtes menées par la commission Charbonneau ait subi le même sort ?

Le pire dans tout cela, c'est que de nombreuses dénonciations du même ordre ont été faites directement à l'UPAC, mais elles sont restées lettre morte. Ces derniers temps, comme je l'ai écrit plus haut, l'UPAC s'est plutôt attachée à attraper du menu fretin et à assurer le renouvellement du mandat de son patron qu'à viser haut dans l'échelle de la corruption. Le cas de l'arrestation de Nathalie Normandeau est assez éloquent à cet égard.

Je sais de source sûre que, à l'automne 2015, Robert Lafrenière avait été avisé que son mandat ne serait pas renouvelé, parce que le gouvernement souhaitait injecter du sang neuf dans la gestion de l'UPAC. Mais, peu avant Noël 2015, son ami Pierre Moreau a été choisi pour assurer l'intérim de la Sécurité publique pendant la convalescence de la ministre en titre Lise Thériault. Durant ce bref interlude, Moreau avait promis à Robert Lafrenière – dont le mandat à la direction de l'UPAC devait prendre fin le 27 mars 2016 – qu'il demeurerait à son poste. Entre-temps, le premier ministre Couillard avait procédé à un remaniement ministériel : Moreau avait été muté à l'Éducation et c'est Martin Coiteux qui devenait alors ministre de la Sécurité publique. La promesse à Lafrenière ne tenait plus, et le gouvernement lançait en février un appel de candidatures au poste de commissaire à l'UPAC. Lafrenière posait aussitôt la sienne, mais il aurait vraisemblablement des concurrents. Il avait donc très peu de temps pour manœuvrer.

Peu avant, le 11 décembre 2015, au cœur du débat sur la dissidence du commissaire Renaud Lachance concernant une partie du rapport final de la commission Charbonneau, j'avais accordé une entrevue à Paul Arcand au sujet des liens entre le financement des partis politiques et la corruption dans l'industrie de la construction.

La même journée, je recevais un appel d'un enquêteur de l'UPAC qui m'avait dit : « Nous avons écouté votre entrevue avec Arcand et nous aimerions vous rencontrer. » Je les ai vus à trois ou quatre reprises avant Noël – la dernière fois, le 23 décembre – et une autre fois au début de l'année 2016, le 5 janvier. Je sentais chez mes interlocuteurs une certaine frénésie et une urgence évidente de finaliser les dossiers de Nathalie Normandeau, Bruno Lortie (son chef de cabinet lorsqu'elle était ministre des Affaires municipales) et Marc-Yvan Côté. En fait, je voyais tellement clair dans leur jeu qu'à un certain moment je leur ai dit, sourire en coin :

— Si votre *boss* veut sauver sa job, il va falloir qu'il accuse avant la fin de février.

Comme par hasard, le dossier est ficelé à la fin du mois de février. Le 17 mars – le jour même de la présentation du budget, ce qui est assez grossier comme façon de faire –, Nathalie Normandeau est arrêtée ainsi que six autres personnes, dont son ancien chef de cabinet Bruno Lortie et l'ex-ministre et ancien vice-président de Roche Marc-Yvan Côté. La manœuvre est évidemment cousue de fil blanc, mais le gouvernement n'a pas vraiment le choix : s'il ne renouvelle pas le mandat de Lafrenière, on l'accusera de l'avoir mis à la porte parce qu'il a arrêté des Libéraux. Il se résigne donc à le maintenir en poste, passant ainsi à côté d'une occasion unique de se doter d'une structure vraiment désireuse de traquer la corruption où qu'elle soit, peu importe qui elle frappe.

La plupart des gens qui en mènent large et contrôlent les plus grands donneurs d'ordres dans les organismes publics – sous-ministres, chefs de cabinet, apparatchiks politiques – ne sont pas des élus. On aurait été en droit de penser que, après les enquêtes journalistiques, l'escouade Marteau, l'UPAC et la commission Charbonneau, les mœurs allaient changer. Mais ce n'est pas arrivé. Certains secteurs – et pas des moindres – continuent de passer sous le radar.

De plus en plus de gens se rendent compte que l'UPAC ne fait pas le travail qu'elle devrait faire. Elle garde les yeux ouverts sur certaines choses, mais les ferme complètement sur d'autres. En ce qui me concerne, je reçois régulièrement des messages de gens, souvent des fonctionnaires, qui constatent des irrégularités. Je ne peux pas faire grand-chose, bien sûr. Je leur suggère d'appeler l'UPAC, mais tant que des mesures sérieuses ne seront pas mises en place pour protéger ces sonneurs d'alarme, ces personnes n'ont pas beaucoup d'autres options que d'entrer en contact avec des journalistes.

Car si l'UPAC refuse d'enquêter sur la foi de dénonciations sérieuses, qui va enquêter sur l'UPAC ?

CHAPITRE 12

Verdict

Ceux qui s'imaginent que l'administration de la justice est une espèce de science exacte, de long fleuve tranquille qui suit son cours sans émotion feraient bien de réviser leur point de vue. Étant le fait d'êtres humains, c'est une affaire de négociations, de pressions, de rapports de forces et de batailles rangées. C'est aussi, la plupart du temps, une longue saga. Dans mon cas, elle a duré presque cinq ans.

Comme je l'ai déjà mentionné dans ces pages, lorsque j'ai été arrêté en février 2011, j'ai fait l'objet d'un acte d'accusation direct en Cour supérieure, une procédure exceptionnelle qui me privait du droit élémentaire à une enquête préliminaire qui m'aurait permis de tester la preuve de la Couronne. Et surtout, à une époque où l'opinion publique associait la corruption dans l'industrie de la construction uniquement à un groupe d'entrepreneurs véreux, mon procès allait se tenir devant juge et jury. C'était loin de faire mon bonheur. J'aurais nettement préféré faire face, devant la Cour du Québec, à un juge seul possédant la formation, la sagesse et l'honnêteté intellectuelle nécessaires pour jauger objectivement la preuve et ne pas tenir compte de l'opinion publique et de ce qui se dit et s'écrit dans les médias.

Bien sûr, après mon passage à la commission Charbonneau, bien des gens – dont certains enquêteurs et procureurs de la Commission – m'assuraient que, en raison de mes talents de communicateur, je saurais exposer les faits et jeter un doute raisonnable dans l'esprit des jurés. Mais je n'en avais pas moins des sentiments assez mitigés à cet égard. Nous étions alors en plein cœur du débat sur la collusion. Les entrepreneurs étaient considérés comme des bandits, on réclamait des peines de prison exemplaires. L'opinion publique voulait du sang. On a beau croire que, en principe, les jurés doivent s'en tenir uniquement à la preuve qui leur est présentée et rendre un verdict objectif, ce sont quand même des humains avec leurs préjugés. Je devais aussi tenir compte du fait que j'ai un nom italien et que, pour bien des gens, italien égale mafia. Bref, j'avais une grosse pente à remonter.

Donc, avant ma comparution devant la commission Charbonneau, j'étais plutôt enclin à plaider coupable d'emblée. Mais après mon passage à la Commission – où je crois que mon étoile a pris un peu de lustre –, je savais que je devenais un fardeau pour les procureurs de la Couronne. Comme j'étais un témoin repenti qui collaborait avec la justice, j'étais beaucoup plus susceptible, aux yeux de l'opinion publique et de la presse, d'obtenir un règlement, sinon sur le verdict, du moins sur la peine.

Avant même que mon témoignage débute, alors que je collaborais déjà avec l'UPAC sur la question du financement des partis politiques, des enquêteurs m'avaient demandé si j'étais disposé à plaider coupable. À cette question, j'avais répondu avec une fermeté que j'ai maintenue tout au long du processus : « Je suis prêt à plaider coupable, à condition que la sentence soit avec sursis, de deux ans moins un jour. Il s'agit de la peine avec sursis la plus sévère autorisée par le Code criminel. » Autrement dit, il n'était pas question que je passe une seule journée en prison.

Le message avait fait son chemin et une réponse m'était revenue rapidement par le même canal : dans les circonstances actuelles, il était impossible pour la Couronne de négocier un règlement avec moi, tant que je serais représenté par l'avocat qui s'occupait de mon dossier. Cet avocat était Pierre Morneau, un brillant criminaliste qui avait déjà représenté Vito Rizzuto. Il m'avait été présenté par Me Jean Cordeau, un avocat de droit pénal qui m'avait représenté lorsque j'avais été accusé par le Directeur général des élections du Québec. Quand est venu le temps de faire face à des accusations criminelles relatives à Boisbriand, il m'a dirigé vers Me Morneau.

Mon intention initiale était de plaider non coupable aux accusations du DGE d'avoir tenté d'organiser des élections municipales à Boisbriand. J'étais en effet convaincu d'être en mesure de faire valoir – comme je l'ai fait au chapitre 5 de cet ouvrage – que je n'avais joué qu'un rôle d'intermédiaire entre les clans St-Jean et Cordato. Mais, entre-temps, des accusations criminelles avaient été portées et des procureurs de la Couronne auraient pu tenter de me faire témoigner dans le procès du DGE pour étayer leur preuve, tenter de me piéger et voir quelle sorte de témoin j'étais. Il s'agissait d'un risque que je n'étais pas disposé à courir, surtout pour me soustraire à une faible amende de 1000 $. Ça ne valait pas le coup. J'avais donc décidé de plaider coupable et j'avais été condamné, outre l'amende, à perdre mon droit de vote aux élections provinciales, municipales et scolaires, ainsi que mon droit de financer des partis politiques (ce qui, entre vous et moi, ne me contrariait pas beaucoup).

Je n'étais pas très à l'aise avec le fait d'être représenté par Me Morneau, dont certains clients faisaient partie du crime organisé. Il est vrai que c'est un excellent avocat capable de faire avancer un dossier et dont les capacités intellectuelles sont nettement supérieures à la moyenne. Mais je savais par ailleurs que l'image est importante, et je n'aimais pas l'idée d'avoir le même avocat que Vito Rizzuto.

En mai 2012 – comme je l'ai déjà signalé –, je commence donc à collaborer avec les enquêteurs de l'UPAC et ceux de la commission Charbonneau, mais Me Morneau n'est pas au courant. J'ai évité de le lui mentionner parce que je sais que la mentalité des avocats de la défense est partout la même : tu ne parles à personne. On attend la preuve et on réagit après. Il y avait aussi une autre raison à cette cachotterie, qui a souvent fait suer mes procureurs : c'est que je suis mon propre maître et que personne ne me dit quoi faire ou ne pas faire. J'écoute les conseils, mais c'est moi qui décide.

En novembre 2012, je déjeune avec Me Morneau et je le sens tout de suite mal à l'aise avec le fait que j'ai déballé mon sac devant la commission Charbonneau. Nous convenons de laisser retomber la poussière et de nous revoir après la période des fêtes.

Avant les fêtes, un enquêteur de l'UPAC me passe le message que la Couronne serait peut-être disposée à conclure une entente avec moi. J'accepte de rencontrer la procureure, Me Brigitte Bélair, en compagnie d'un ami avocat, mais toujours à l'insu de Me Morneau. Je déchante rapidement : il est clair qu'elle n'a pas du tout l'intention de conclure une entente, quelle qu'elle soit. Elle tient mordicus à ce que je fasse un séjour en prison. Pour elle, avec tout ce que j'ai avoué à la commission Charbonneau, je représente une très grosse prise ; je suis un peu comme son Mom Boucher à elle. Elle tente même de me convaincre que, si je faisais de la prison, j'obtiendrais un véritable statut de héros auprès de l'opinion publique. Inutile de dire que la réunion n'a pas duré très longtemps.

Début 2013, Me Morneau et moi avons convenu d'un commun accord de nous séparer. D'une part, il éprouvait un réel malaise à l'égard de ma loquacité et de ma présence régulière dans les médias. Et de mon côté, je savais que je n'obtiendrais jamais d'entente avec la Couronne tant qu'il me représenterait. Quelques jours plus tard, nous sommes allés devant le juge André Vincent (qui a présidé par la suite le deuxième procès de Guy Turcotte) pour l'aviser de la chose.

— Il faudra que vous m'expliquiez ça un jour m'a dit le juge. En trente ans de pratique du droit, je n'ai jamais vu un client se séparer d'un avocat du calibre de Me Morneau.

Quelques mois auparavant, en août 2012, dans le stationnement du palais de justice de Saint-Jérôme, Pierre Morneau m'avait appris que Jean Cordeau, qui représentait mon père accusé d'intimidation (une accusation assez frivole qui, à mon avis, avait été portée uniquement pour me contrarier et disposer d'un levier contre moi), avait maintenant Tony Accurso comme client. Pourtant, j'avais toujours été clair avec tous mes avocats en leur disant : « Si vous représentez un autre client que moi ou mon père dans l'industrie de la construction, je tiens absolument à le savoir. Et après, je déciderai si je vous garde comme procureur. » L'être humain étant ce qu'il est, il y a toujours un risque, au fil de conversations ou de confidences, que l'autre apprenne sur moi – ne serait-ce que par inadvertance – des choses que je ne veux pas qu'il sache. J'étais donc furieux à l'endroit de Cordeau qui, de surcroît, était un ami. Sur ces entrefaites, celui-ci s'approche de nous. Je lui dis :

— Me Cordeau, je viens d'apprendre par Me Morneau que vous représentez Tony Accurso. J'ai un gros problème avec ça.

— Mais Lino, je t'en avais parlé.

— Non.

Nous sommes entrés dans le palais de justice et, une fois terminée la séance avec le juge, j'ai demandé à parler à Cordeau.

— Vous allez faire un rapport du dossier, m'envoyer une facture et je vais trouver un autre avocat pour mon père. J'aimerais que le transfert du dossier soit harmonieux.

À l'époque, un avocat du nom de Jean-Daniel Debkoski – un ancien procureur de la Couronne – venait de quitter l'étude de Cordeau pour travailler à son propre compte, et celui-ci ne l'avait pas du tout apprécié. Je l'appelle pour prendre rendez-vous. L'après-midi même, je suis à son bureau. Je lui explique ce qui s'est passé avec Cordeau et lui demande de prendre en main le dossier de mon père.

— Il y a un seul chef d'accusation. Ce ne sera pas compliqué.

— Écoutez, monsieur Zambito. C'est déjà assez tendu entre Me Cordeau et moi, je ne veux pas jeter de l'huile sur le feu.

— Ce n'est pas vous qui m'avez appelé, c'est moi.

— D'accord, je vais rencontrer votre père. Dites à Me Cordeau qu'il me transfère le dossier.

— Non. C'est vous qui allez l'appeler.

Ce qu'il a fait devant moi, lui laissant un message disant de lui transférer le dossier de mon père.

Je savais que cela allait mettre Cordeau hors de lui, et c'est le genre de chose qui met un baume sur mes plaies quand je me sens trahi.

***

Je me suis donc mis à la recherche d'un nouvel avocat en remplacement de Me Morneau. J'ai demandé à mon avocate de droit civil Me Marie-Josée Corriveau de me recommander un bon avocat criminaliste. Elle m'a alors répondu que les procureurs étaient réticents à se lier à des clients qui parlent à des enquêteurs. Elle m'a quand même dirigé vers Me Conrad Lord. Dès le départ, je l'ai prévenu : « On ne me muselle pas et je ne prends rien pour du *cash*, même de la part de mon avocat. Nous allons travailler ensemble, mais je n'accepte pas les choses qui ne correspondent ni à mes normes ni à mes valeurs. »

Dès le début de notre association, j'ai demandé à Me Lord d'explorer à nouveau auprès de la Couronne les possibilités d'en venir à une entente. Ma cible demeurait la même : deux ans moins un jour avec sursis.

Le 23 décembre 2013, une rencontre avec la procureure de la Couronne, Me Brigitte Bélair, a finalement été tenue dans une salle du palais de justice de Montréal, en présence d'un facilitateur, soit le juge Marc David, qui avait présidé le premier procès de Guy Turcotte. Je n'assistais pas à la rencontre, mais mon avocat pouvait à tout moment venir me faire rapport dans une pièce située à proximité. Au bout de deux heures, il vient me dire :

— La procureure voulait deux ans de prison. Elle accepte maintenant 18 mois. Vous purgeriez seulement un tiers de la peine.

— Il n'en est pas question, maître. Je ne veux pas entendre parler de prison. Ce n'est pas vrai que, après toute la collaboration que j'ai offerte, je vais me retrouver derrière les barreaux. J'ai fait avancer la justice et je veux qu'on le reconnaisse. Ce n'est pas négociable.

— Alors je pense qu'on a frappé un mur. Je ne crois pas qu'on pourra obtenir davantage.

— Dans ce cas, vous allez retourner dans cette salle, remercier les gens et leur souhaiter un Joyeux Noël de ma part. On se reverra au procès.

Le procès devait commencer au début de 2014, mais mon père venait d'être hospitalisé pour soigner des problèmes cardiaques et il avait été reporté. Nous étions alors le 15 janvier et, à l'époque, l'administration de la justice cherchait désespérément à libérer des dates au palais de justice de Saint-Jérôme pour le deuxième procès de Guy Turcotte. Le juge avait donc demandé – mais cela ressemblait beaucoup plus à une invitation pressante – à la procureure de la Couronne si elle acceptait de retirer l'acte d'accusation direct et de transférer mon dossier à la Cour du Québec, une chose que nous demandions depuis le début, mais que la Couronne refusait de nous accorder. (Selon la plupart des avocats de la défense, les sentences sont moins sévères devant la Cour du Québec.)

Mais, ayant peut-être l'impression qu'il y avait là une possibilité de troc, elle avait annoncé au juge qu'elle allait faire requête pour que la Cour m'interdise, jusqu'à la tenue du procès, de m'exprimer dans les médias. Le juge lui avait répondu qu'il ne saisissait pas le sens de cette requête et elle a compris que, si elle la présentait, elle l'aurait dans les dents. La date du procès a finalement été fixée au mois de mai 2015.

Mon avocat et moi avons continué de tenter de négocier, mais la procureure de la Couronne n'en démordait pas : elle voulait que j'aille en prison.

***

Le procès de Boisbriand, dans lequel les accusés étaient France Michaud, Robert Poirier et Rosaire Fontaine – Sylvie St-Jean avait plaidé coupable en février 2014 –, s'ouvre en janvier 2015 et les choses sont loin de se passer comme le souhaite la Couronne. D'abord, on apprend durant le procès que Gilles Cloutier, l'ancien vice-président de Roche et organisateur politique qui doit témoigner pour la Couronne, a été arrêté pour parjure pendant son témoignage à la commission Charbonneau. Au bout du compte, il ne sera pas accusé. Les procédures sont retardées pendant que la défense requiert la vidéo de son interrogatoire policier et que les procureurs de la commission Charbonneau font aussi des représentations. Le 15 février, les procédures contre Rosaire Fontaine, qui est gravement malade, sont abandonnées. Au bout du compte, le procès ne reprend que le 14 avril.

Les choses sont donc très mal engagées pour l'UPAC dans ce qui est sa première poursuite depuis sa création. C'est sans doute pour cette raison que la Couronne communique avec Me Lord au début d'avril pour retourner en négociation une énième fois. Mon avocat explique à son interlocuteur que ma position demeure la même : s'il n'y a pas de sursis, nous allons en procès. À mon grand étonnement, on lui répond qu'on est prêt à faire ce compromis. Je me dis alors que la Couronne est prête à tout, à condition d'avoir un plaidoyer de culpabilité.

Je m'apprêtais à partir au Mexique pour une semaine de vacances avec mes trois enfants. C'était la première fois que je voyageais seul avec eux. Je dis à Me Lord :

— À mon retour, je vous donne ma réponse.

Pendant toute cette semaine, j'ai réfléchi, pesant le pour et le contre. Si j'allais en procès, j'étais convaincu d'avoir de bonnes chances d'être acquitté. Je voulais que mes enfants

– mes deux plus vieux étaient âgés de 12 et 24 ans – aient voix au chapitre. Depuis plusieurs années, ils avaient vécu de près tout ce qui m'était arrivé, la police, les médias, la protection et tout. Ce furent des moments très difficiles pour eux qui étaient encore très jeunes. Je leur ai expliqué le processus, les pour, les contre, les implications et les conséquences. Puis l'un d'eux me demande :

— Qu'est-ce qui arrive si tu gagnes ?

— Rien. C'est terminé et je suis libre.

— Et si tu perds ?

— Je ne pourrai probablement pas éviter la prison.

Ils me sont revenus rapidement pour me recommander d'accepter le règlement proposé par la Couronne.

— Si tu vas en procès, ça va durer des semaines. Tu seras aux nouvelles tous les soirs. On va se faire harceler à l'école. On n'a pas envie de ça.

Je venais d'avoir la partie de la réponse qui pesait le plus dans la balance.

À mon retour, j'en discute avec mon père, qui me demande quelles sont mes chances de succès si je vais en procès. Je lui réponds par le vieil adage : un mauvais règlement vaut mieux qu'un bon jugement.

J'appelle ensuite Me Lord.

— On va accepter l'entente : deux ans moins un jour avec sursis. Et je veux qu'on laisse tomber les accusations contre mon père.

La Couronne nous revient en affirmant qu'elle ne peut pas abandonner les accusations contre mon père, ce qui serait une procédure délicate et compliquée. Mais, en retour d'un plaidoyer de culpabilité, elle est disposée à lui offrir une abso-lution inconditionnelle, ce qui lui éviterait d'avoir un casier judiciaire. Puis les données changent : l'absolution inconditionnelle ne pourra être accordée qu'en échange d'un don de 50 000 $ à un organisme sans but lucratif. J'étais très mal à l'aise avec cette condition, qui donnait l'impression qu'une personne qui a de l'argent s'en sort toujours avec la justice. Je savais que le versement d'un tel don allait se retrouver dans les médias et prêter flanc à toutes sortes de rumeurs, d'allusions et de commentaires négatifs. Les négociations se poursuivent, mais rien n'y fait : il faudra verser un don. Je propose 10 000 $, mais ça ne suffit pas aux yeux de la Couronne. Des échanges acrimonieux suivent et l'impasse demeure. Je dis à mon avocat :

— Maximum 20 000 $. S'ils veulent 50 000 $, on va en procès.

Fin avril, la question du montant n'est toujours pas réglée. On sait que ce ne sera pas 50 000 $, mais ce ne sera pas 10 000 $ non plus.

Le vendredi 1er mai, en milieu d'après-midi, alors que je suis chez moi avec mes enfants, je reçois un appel inattendu sur mon téléphone portable. C'est une enquêteuse de l'UPAC au bout du fil.

— Vous avez maintenant une entente avec la Couronne, me dit-elle.

— L'entente n'est pas finalisée.

Mais je voyais très bien où elle voulait en venir.

— Étant donné que l'affaire est en train de se régler, nous aimerions que vous veniez témoigner lundi dans l'autre procès de Boisbriand.

Je suis abasourdi. Je n'en reviens pas d'un tel toupet.

— Pardon ? Vous êtes en train de me demander de témoigner dans l'autre procès de Boisbriand parce que les choses ne vont pas comme vous voulez ? C'est hors de question. Moi, si j'ai une entente avec la Couronne, c'est parce que je me bats depuis quatre ans pour l'obtenir. C'est parce que je vous ai tenu tête malgré votre intransigeance et votre obsession de m'envoyer en prison. C'est parce que ma collaboration à la commission Charbonneau pèse dans la balance. Dans deux semaines, quand je vais avoir ma sentence, les médias vont dire que j'ai eu deux ans moins un jour parce que j'ai témoigné dans l'autre procès. Et ça ne sera pas vrai.

— Ça change quoi ? Ce sont les résultats qui comptent.

— Ça change beaucoup de choses au niveau des principes. Et vous savez que, si je témoigne, je les envoie tous en prison ?

— Nous sommes conscients de ça.

C'est alors que j'ai décidé d'abattre une carte qui allait certainement la déstabiliser.

— Je vais vous faire une offre. Vous laissez tomber toutes les accusations contre mon père et contre moi, et je vais aller témoigner lundi.

Elle ne sait plus trop quoi dire.

— C'est une grosse commande. Nous sommes vendredi, 15 h.

— Je vous fais remarquer que ce n'est pas moi qui vous ai appelée. Moi, je suis très à l'aise avec deux ans moins un jour. Mais là, vous voulez que j'aille vous sortir de la merde dans l'autre dossier et, au bout du compte, qu'est-ce que j'ai en retour ? Rien.

Elle me rappelle quelques heures plus tard, en début de soirée.

— Vous savez, c'est très compliqué ce que vous nous demandez. Il faut obtenir la permission de Québec.

— C'est comme vous voulez. Je suis à l'aise avec ce que j'ai.

Aussitôt la communication terminée, j'appelle mon avocat et je lui raconte l'histoire. Me Lord me dit :

— Comment se fait-il qu'un enquêteur appelle directement quelqu'un qui a un avocat au dossier ?

— Je pense, maître, que vous avez la poignée qu'il vous faut pour régler à 20 000 $. Il me semble que, s'ils continuent de s'entêter, on peut leur parler du fait qu'une enquêteuse m'a appelé directement. On peut faire avorter deux procès avec ça.

Le lundi matin, les avocats de la Couronne s'entretiennent avec le mien en téléconférence. Le procureur chargé de négocier le montant du don demeure toujours aussi intraitable. C'est alors que Me Lord sort le lapin de son chapeau en s'adressant à la procureure de la Couronne.

— Me Bélair, j'ai un gros problème avec le fait qu'un enquêteur au dossier appelle directement mon client.

Lourd et long silence au bout du fil. La Couronne a accepté 20 000 $. C'est ainsi que le dossier s'est réglé.

Quelques jours plus tard – le 13 mai –, les deux parties se présentent devant le juge Paul Chevalier pour lui soumettre notre entente. Mon père et moi plaidons coupables et le juge fixe les représentations sur sentence à l'automne.

***

Ne voulant rien laisser au hasard, j'avais dressé durant l'été une liste de mes contributions à l'avancement de la justice, afin de justifier le fait que je méritais une condamnation avec sursis. Il y avait bien sûr mon témoignage à la commission Charbonneau et ma collaboration avec l'UPAC sur les questions relatives au financement des partis politiques. Mais j'avais signalé aussi le fait que, quelques mois après mon passage à la Commission, le Barreau du Québec avait communiqué avec moi pour leur fournir les noms d'avocats corrompus actifs dans le domaine de la construction. Ces gens avaient leur propre liste, mais désiraient corroborer certains noms.

Lorsque, le 29 septembre 2015, nous nous sommes présentés, mon avocat et moi, au palais de justice de Saint-Jérôme pour les représentations sur sentence, nous avons transmis cette liste de mes contributions à la procureure de la Couronne. Je crois que, jusqu'alors, elle n'avait pas mesuré tout ce que j'avais fait depuis quatre ans pour tenter d'assainir le milieu de la construction.

J'avais toujours refusé que les membres de ma famille assistent à mes comparutions devant le tribunal. Mais cette fois, ils y étaient tous : mon père, ma mère, ma sœur, mon ex-conjointe.

Me Bélair fut la première à prendre la parole. Elle se lance alors dans une tirade dithyrambique sur ma personne, mon apport à la commission Charbonneau et à la cause de la justice en général, et le fait que je méritais pleinement la condamnation avec sursis que je réclamais. Mon avocat et moi échangions des regards d'incrédulité. Était-ce la même procureure de la Couronne qui m'avait fait tant suer pendant quatre ans, réclamant une peine de prison chaque fois que nous tentions de négocier un règlement ?

Quand est venu le tour de Me Lord, il n'y avait plus grand-chose à ajouter. La procureure de la Couronne avait fait tout le travail en ma faveur.

Quand le juge Chevalier m'a demandé si j'avais quelque chose à dire, je me suis levé :

— J'ai été pris dans un système de corruption et j'ai décidé de changer ma vie. J'ai voulu faire avancer la justice. Et une chose est sûre : c'est la dernière fois que vous me voyez devant vous pour des accusations criminelles.

Le juge m'a répondu, sourire en coin :

— Ce ne sera pas la dernière fois parce que je prends la cause en délibéré. Je rendrai une décision le 10 novembre.

Le jour dit, le juge Chevalier a expliqué que, dans des cas semblables, la prison s'imposait, mais que, en raison de mon témoignage à la commission Charbonneau et de mon apport à la justice, il était disposé à accepter une sentence de deux ans moins un jour à purger dans la collectivité. Ma sentence était aussi assortie de certains droits, notamment d'aller chercher mes enfants à l'école, de travailler, de m'entraîner – en raison de ma condition cardiaque – et de suivre les activités sportives de mes enfants. Le juge m'accordait également la liberté complète les 24, 25, 26 et 31 décembre, ainsi que les 1er et 2 janvier.

C'était la fin d'une longue saga judiciaire. J'étais soulagé.

CHAPITRE 13

Nathalie

À ce stade de mon ouvrage, le lecteur me permettra de revenir en arrière pour évoquer mon expérience – assez longue et diversifiée – en matière de financement des partis politiques.

Comme je l'ai expliqué plus tôt dans les pages de ce livre – et comme cela a été largement décrit dans le cadre de la commission Charbonneau –, les règles du jeu au municipal étaient assez claires pour qui entrait dans un cartel de collusion. Le système fonctionnait à la pièce : pour chaque contrat obtenu, il y avait des ristournes de « reconnaissance » à verser. À Montréal, par exemple, il y avait un pot-de-vin à l'ingénieur en chef de la Ville, Gilles Surprenant, d'autres à certains fonctionnaires, un autre pourcentage servait à financer la caisse électorale du parti Union Montréal et un *pizzo* de 2,5 % était versé à la mafia.

Au provincial, les règles étaient quelque peu différentes. Les choses ne fonctionnaient pas à la pièce, mais le résultat était globalement le même. En contribuant généreusement au financement du parti au pouvoir, un entrepreneur s'assurait d'obtenir un retour d'ascenseur ; non seulement la complaisance des firmes d'ingénieurs qui supervisaient ses travaux dans le cadre de contrats publics, mais aussi beaucoup d'autres faveurs dues au fait qu'il gagnait de l'influence auprès des décideurs politiques et pouvait ainsi obtenir un coup de main en haut lieu lorsque le besoin s'en faisait sentir.

Dès les débuts d'Infrabec, à la fin des années 1990, nous avons commencé à être sollicités pour financer les partis municipaux et provinciaux. On ne pouvait pas y échapper : dès qu'un entrepreneur répondait à un appel d'offres, on l'invitait instamment à contribuer au financement des partis. Ces demandes provenaient habituellement des firmes de génie qui, la plupart du temps, se chargeaient de lubrifier les machines politiques en sollicitant directement les entrepreneurs et en organisant des cocktails de financement. Le prix d'admission à ces événements était de plusieurs centaines, voire de milliers de dollars par personne, généralement en contravention à la *Loi sur le financement des partis politiques*, qui à l'époque limitait à 3000 $ le montant des contributions individuelles aux partis. Mais il est bon de rappeler que, à ce moment, chaque ministre du gouvernement Charest avait pour instruction de recueillir chaque année 100 000 $ en contributions politiques pour le PLQ. C'était énormément d'argent, et le milieu de la construction fournissait à cet égard une portion importante de la récolte.

En retour, les entrepreneurs qui se prêtaient au jeu pouvaient compter sur la bienveillance de ces mêmes firmes de génie quand venait le temps de se faire payer des quantités fictives de matériaux ou de réclamer de faux extras qui servaient en quelque sorte à « rembourser », si l'on peut dire, leur contribution aux partis politiques. On comprend donc que lorsqu'un entrepreneur était sollicité par des gens qu'il était certain de retrouver sur son chemin un jour ou l'autre dans l'exécution d'un contrat, il ne pouvait pas se permettre de se fermer des portes en leur disant non.

Au cours de la quinzaine d'années d'existence d'Infrabec, j'ai ainsi consacré en moyenne entre 75 000 $ et 100 000 $

chaque année à des contributions diverses à des tournois de golf, à des partis politiques, cocktails de financement, fondations et œuvres philanthropiques. C'était beaucoup d'argent, mais aussi, et surtout – dans le cas des partis –, beaucoup de temps passé à assister à des événements, signer des chèques, trouver des prête-noms et les rembourser. Tout cela devenait lourd et fastidieux, en plus de gruger beaucoup d'énergie qui aurait dû être consacrée à mon activité principale, qui était la construction.

Au fil des ans, j'ai participé au financement des trois principaux partis politiques québécois qui existaient durant la décennie 2000, soit le Parti libéral du Québec, le Parti québécois et l'Action démocratique du Québec. Il m'est même arrivé de participer à des activités de financement de ces trois partis au cours d'une même semaine. Mais bien sûr, c'est de loin au PLQ – qui a occupé le pouvoir durant la majeure partie de l'existence d'Infrabec – que j'ai le plus contribué, ayant participé à des activités de financement pour plusieurs ministres du cabinet Charest. Je suis donc en mesure de parler en long et en large de ses méthodes de financement.

***

Ma première rencontre avec Nathalie Normandeau, alors vice-première ministre et ministre des Affaires municipales, a eu lieu à l'automne 2006, lors d'un cocktail dînatoire de financement tenu au deuxième étage du café Sirocco, dans le quartier Montcalm, à Québec. France Michaud, qui était vice-présidente de la firme d'ingénieurs Roche et responsable du bureau de Montréal, organisait l'événement et m'avait demandé d'acheter quatre billets à 1000 $ chacun. Sachant que j'étais proche de la mairesse de Boisbriand Sylvie St-Jean, Michaud m'avait dit :

— Ce serait bien que tu l'emmènes, parce qu'il y aura une annonce dans le courant de la soirée.

Outre Mme St-Jean, j'avais aussi invité le conseiller indépendant Robert Frégeau, ainsi que le député libéral de mon comté de Groulx, Pierre Descoteaux, qui était déjà à Québec, où l'Assemblée nationale siégeait ce jour-là.

Comme nous allions certainement prendre de l'alcool au cours de cette soirée, j'avais loué une limousine pour faire le trajet aller-retour, en compagnie de St-Jean et de Frégeau, qui à l'époque n'étaient pas dans les meilleures dispositions l'un envers l'autre[7]. Mais, à défaut d'être chaleureuse, l'atmosphère avait été à tout le moins civilisée.

Nous sommes arrivés à Québec avec beaucoup de retard, à cause de la circulation dense. On nous a présenté la ministre Normandeau, son chef de cabinet Bruno Lortie et l'ancien ministre Marc-Yvan Côté. En tout, une quarantaine de personnes étaient là, dont évidemment beaucoup de représentants du Groupe Roche.

Au cours de la soirée, la ministre, son chef de cabinet et France Michaud se dirigent vers la mairesse St-Jean. La ministre lui tend une enveloppe dans laquelle se trouve une lettre confirmant que la majoration de la subvention demandée par la Ville pour la construction de l'usine d'épuration de Boisbriand a été acceptée, passant à 13 millions $. Je ne connaissais pas beaucoup, à ce moment-là, le mode de fonctionnement de ces événements de financement politique, mais j'avoue avoir été pris au dépourvu par cette façon de

_____

7. Voir chapitre 5.

procéder consistant à mêler les genres, soit annoncer une décision gouvernementale dans le cadre d'une activité partisane. Voilà que la firme qui avait réalisé les plans et devis de l'usine, et qui allait en superviser les travaux de construction, organisait un événement au cours duquel la ministre annonçait une majoration de la subvention affectée à ce projet. J'avais été frappé par ce qui était de toute évidence un retour d'ascenseur pour Roche.

Vers 22 h, nous décidons de lever les feutres, car il reste une longue route à faire de Québec à Boisbriand. Avant que nous quittions la salle, Marc-Yvan Côté s'approche et nous remet deux bouteilles de Dom Pérignon.

***

L'année suivante, j'ai assisté à un autre cocktail organisé par Roche à Québec, cette fois au restaurant Louis-Hébert, situé à un jet de pierre de l'Assemblée nationale. J'avais acheté quatre billets à 2000 $ chacun. L'événement se tenait à l'étage, et Mme Normandeau passait une partie du repas à chacune des tables pour discuter avec la trentaine de personnes présentes, parmi lesquelles figurait Marcel Aubut, alors président du Comité olympique canadien.

France Michaud m'avait présenté à Violette Trépanier, une ancienne ministre du gouvernement Bourassa qui était directrice du financement pour le PLQ. Dans le courant de la soirée, je remets mes chèques à France Michaud et, dans la foulée, je dis à Bruno Lortie et à Mme Trépanier que, s'ils le désirent, je crois pouvoir être en mesure d'organiser un cocktail pour Nathalie Normandeau sur la Rive-Nord de Montréal. J'ajoute que je pourrais aller chercher 100 000 $ assez facilement.

Quelques minutes plus tard, Violette Trépanier me prend à part pour me dire :

— Est-ce que votre offre est sérieuse ?

— Pensez-vous que je parle à travers mon chapeau ?

— Non, mais 100 000 $, c'est beaucoup d'argent.

— Écoutez, je connais beaucoup de monde dans mon coin. Des bureaux d'ingénieurs, des maires et conseillers municipaux, des entrepreneurs. Je suis capable de récolter cette somme.

Dès le lendemain matin, Mme Trépanier me relance pour confirmer que le parti serait vivement intéressé à ce que j'organise un tel événement de financement. Je lui parle d'une vingtaine d'invités à 5000 $ chacun. Je ne sais pas exactement ce qui se passe entre-temps dans les hautes sphères du parti, mais elle me revient quelques jours plus tard pour me dire :

— La ministre responsable de la région est Michèle Courchesne. Voudriez-vous faire le cocktail de financement pour elle ?

— Non, pas du tout. D'abord, je ne la connais pas et, en plus, c'est une ancienne conseillère municipale et membre du comité exécutif de Laval sous Gilles Vaillancourt. Mon oncle Jean Rizzuto s'est présenté contre Vaillancourt à la mairie de Laval en 1993. Je ne veux rien savoir de ramasser de l'argent pour une proche de Vaillancourt. Si ça ne vous va pas, on n'est pas pires amis, mais il n'est pas question que j'organise quelque chose pour elle.

Plus tard dans la journée, sans pour autant renoncer à mon offre, elle me souligne que mon projet pourrait provoquer un conflit avec Mme Courchesne. Personnellement, je n'en ai rien à cirer, des états d'âme de Michèle Courchesne, mais elle m'a proposé de rencontrer Marc Bibeau, le grand argentier du PLQ, pour en discuter le lendemain.

Comme les gens proches du Parti libéral le savent – et les travaux de la commission Charbonneau en ont largement fait état –, Marc Bibeau en menait large au sein du PLQ et dans le monde des affaires en général. En fait, on ne pouvait pas, durant les années 2000, être associé au financement du parti sans croiser sa route un jour ou l'autre. Actionnaire majoritaire de la compagnie Shockbeton – le plus important fournisseur de poutres de béton de l'industrie québécoise de la construction – et membre du conseil de plusieurs entreprises, il a commencé à diriger le financement du PLQ peu avant les élections de 2003 qui ont porté ce parti au pouvoir. C'est lui qui, la même année, avait fixé à chaque ministre libéral un objectif annuel de 100 000 $ en contributions financières pour le parti. Jamais avant son règne le PLQ n'avait amassé autant d'argent.

Nous nous sommes donc retrouvés le lendemain à son bureau de Saint-Eustache, Violette Trépanier et moi. Je lui ai expliqué que je demeurais disposé à organiser un événement de financement pour Nathalie Normandeau, mais certainement pas pour Michèle Courchesne. Je lui ai dit aussi que je pouvais inviter 20 personnes à 5000 $ chacune, dont un représentant d'une firme d'ingénieurs qui pourrait emmener un maire de la Rive-Nord. J'ai ajouté que, s'il le désirait, on pouvait tenir l'événement à Laval, au restaurant L'Unique, qui appartenait à mon oncle. Mme Trépanier a réitéré alors sa crainte que la ministre Courchesne soit froissée par mon projet.

— Michèle sera pas contente. Et si vous invitez des maires, il faut inviter Vaillancourt. Après tout, c'est sa ville.

— Si c'est trop compliqué, dis-je, on va laisser tomber. Demandez-moi pas d'inviter Gilles Vaillancourt à un cocktail de financement que j'organise. Pas question !

Bibeau tranche rapidement. Il regarde Violette Trépanier et lui dit :

— C'est correct. Je vais appeler Michèle et je vais m'arranger avec elle. Y aura pas de problème.

Puis il se tourne vers moi.

— Vous avez ma bénédiction. Mais 20 personnes à 5000 $, c'est plus que ce que permet la loi. Organisez-vous pour qu'on n'ait pas de trouble.

— Je comprends très bien.

Nous convenons que chaque participant fournira deux chèques de 2500 $ plutôt qu'un seul de 5000 $. Et nous fixons la date de l'événement au 30 novembre.

Quelques jours avant la date prévue, à la demande de Violette Trépanier, je transmets à Bruno Lortie la liste de mes invités, qui seront finalement au nombre de 22.

Arrive alors le 30 novembre. Ce jour-là, une grosse tempête de neige s'abat sur la région de Montréal. La circulation est durement affectée. La visibilité est presque nulle en certains endroits et des routes sont bloquées. En matinée, Bruno Lortie m'appelle pour évaluer la situation, en me précisant que s'il faut que sa ministre soit présente à l'événement, il trouvera un moyen pour qu'elle y soit. Nous décidons de nous rappeler sous peu.

Je réfléchis brièvement et je me dis que si nous tenons le cocktail malgré tout, le mauvais temps deviendra pour certaines personnes un prétexte facile pour ne pas s'y présenter. Je rappelle Lortie et nous reportons l'événement au début de l'année 2008.

Le cocktail a lieu à la fin de janvier. Vingt-deux invités – ingénieurs, maires de municipalités, entrepreneurs – y assistent et ainsi 110 000 $ s'ajoutent au trésor de guerre du Parti libéral. (Toutefois, dans son rapport au Directeur général des élections, le PLQ n'avait déclaré que 66 000 $ comme recette de la soirée.) Encore une fois, la ministre Normandeau profite de cette activité partisane pour annoncer des subventions et confirmer certains projets municipaux. Je comprends alors pourquoi Bruno Lortie tenait tant à obtenir à l'avance la liste des participants, parmi lesquels il y avait quelques élus municipaux.

***

J'allais vite me rendre compte que ma contribution au financement du PLQ – et en particulier pour Nathalie Normandeau – présentait de solides avantages. Le printemps suivant le cocktail de janvier, Infrabec devait entreprendre des travaux de réfection du boulevard de la Grande-Allée à Boisbriand. J'avais été le plus bas soumissionnaire, tout était en ordre et j'étais prêt à commencer, mais la Ville avait effectué une demande de règlement d'emprunt pour ce projet auprès du ministère des Affaires municipales et les choses traînaient en longueur.

Un jour, Yannick Bouchard de Genivar – la firme qui supervisait les travaux – m'appelle et me dit:

— Lino, le printemps est arrivé. Il faudrait commencer le projet. Mais je ne sais pas ce qui se passe. Malgré les appels répétés de la Ville, on attend toujours la confirmation du règlement d'emprunt de la part du ministère.

J'avais appelé Bruno Lortie le jour même pour le mettre au courant du problème.

— Qu'est-ce qui se passe avec tes fonctionnaires, Bruno ? Les gens de la Ville leur téléphonent et il n'y a pas de retour d'appel. Peux-tu vérifier ça ?

Une heure plus tard, il me revient.

— Au moment où on se parle, Lino, l'acceptation du règlement d'emprunt entre dans le fax à Boisbriand.

Je ne crois pas qu'il aurait fait preuve de la même diligence si je n'avais pas contribué au financement du parti.

***

À la même époque, un jour que je discute avec France Michaud du projet d'usine d'épuration de Boisbriand, elle me glisse en passant :

— N'oublie pas que c'est l'anniversaire de Nathalie Normandeau le 8 mai. Ce serait bien que tu le soulignes.

Quelques jours avant la date, j'appelle Bruno Lortie.

— France Michaud m'a dit que c'était l'anniversaire de ta patronne le 8.

— Oui, elle aura 40 ans.

— J'aimerais bien souligner ça, mais je suis un peu mal à l'aise. Qu'est-ce qu'on donne à une vice-première ministre du Québec pour son quarantième anniversaire ?

— Toutes les femmes aiment recevoir des fleurs.

— D'accord. Où est-ce que j'envoie ça ?

— Ici, à nos bureaux de Québec.

La veille de l'anniversaire, je demande à ma secrétaire de s'occuper de l'envoi.

— Assure-toi d'envoyer un bouquet de fleurs à Mme Normandeau. Trouve un fleuriste à Québec pour souligner son anniversaire.

— Quelle sorte de fleurs ?

— Elle va avoir 40 ans. Envoie-lui 40 roses.

Et c'est ainsi que ma secrétaire a envoyé 40 roses rouges à Mme Normandeau. Le jour même, Lortie m'appelle :

— T'aurais dû voir ma *boss*. Elle a rougi.

C'était loin d'être la première fois que j'offrais des roses à une femme. Mais je ne m'étais jamais soucié d'apprendre le langage secret des fleurs. Quand j'ai su que l'envoi de roses rouges était un message d'amour absolu et passionnel, et pouvait même parfois être interprété comme une demande en mariage, j'ai bien sûr éprouvé un certain malaise. D'autant plus que Nathalie Normandeau était en couple à cette époque… et moi aussi. J'imagine que son malaise a dû être égal au mien.

Quelques jours plus tard, je recevais de la ministre une lettre de remerciement dans laquelle le « Monsieur » de convenance imprimé par ses services avait été biffé pour être remplacé par « Cher Lino », écrit de la main de Mme Normandeau.

Lorsque le procureur Denis Gallant a évoqué la question avec moi, le 10 octobre 2012, devant la commission Charbonneau, il y a eu beaucoup de sourires – et même des expressions de franche rigolade – dans la salle d'audience. Le procureur m'avait demandé :

— Ça fait quoi, recevoir une lettre de la vice-première ministre qui nous dit « Cher Lino » ?

— Je suis triste que Marteau l'ait saisie, je ne l'ai plus.

Et Me Gallant avait répondu, goguenard :

— La copie va devenir publique un jour.

***

Le 8 août 2008, l'un des événements de l'été à Montréal était le spectacle que présentait Céline Dion au Centre Bell. Mon oncle Jean m'avait offert sa loge de 10 places, dont je pouvais disposer à ma guise. Quelques semaines avant le concert, j'avais appelé le chef de cabinet de Mme Normandeau pour savoir si sa ministre était intéressée à y assister. Il me dit qu'elle était en vacances, mais qu'il allait me revenir rapidement. Deux heures plus tard, Bruno Lortie me rappelle pour me dire qu'elle souhaiterait évidemment y assister. Je lui dis alors :

— J'ai 10 billets. J'en garde un pour moi et tu t'organises avec le reste.

Nous nous retrouvons donc tous au Centre Bell le 8 août. Outre Nathalie Normandeau, il y avait là son chef de cabinet et sa conjointe, la sœur et le garde du corps de la ministre, un autre chef de cabinet dont je ne me rappelle plus le nom et quelques autres personnes. Après la première partie assurée par Véronic DiCaire, il y avait une intermission de quelques minutes au cours de laquelle plusieurs personnes étaient passées pour nous saluer, dont les ministres Raymond Bachand et Michèle Courchesne. Nous avions même reçu la visite du maire de Laval, que Mme Normandeau m'avait présenté.

— Monsieur Vaillancourt, connaissez-vous Lino Zambito ?

— Non.

— Mais oui, monsieur Vaillancourt. Je suis le neveu de Jean Rizzuto. Vous êtes même dans sa loge, en ce moment.

J'avoue avoir beaucoup de difficulté à résister à ce genre de numéro de petit baveux qui crée un malaise. Il n'était pas resté très longtemps dans la loge.

Peu après, Nathalie Normandeau me dit :

— Lino, un jour, il faudra que tu m'expliques le secret de la longévité politique de Gilles Vaillancourt.

— Je ne pense pas qu'on va régler cette question-là ce soir, dis-je avec un grand sourire.

— On prendra un café, un de ces jours, et tu me le diras.

Bruno Lortie, qui n'était pas très loin, n'avait de toute évidence pas aimé ce bref échange. Il s'était approché de moi pour me dire en aparté :

— Tu sais, Lino, ma *boss* a pas besoin de tout savoir ce qui se passe.

Même si je n'étais pas exactement un enfant de chœur, cette réflexion spontanée m'avait frappé par son cynisme et cette espèce de condescendance qu'elle dénotait à l'endroit de la ministre.

Après le concert, nous sommes descendus vers l'entrée des loges, où je tombe face à face avec Pierre Bibeau et sa conjointe Line Beauchamp, puis avec la ministre Lise Thériault. Une conversation à bâtons rompus s'amorce et, à un certain moment, Pierre Bibeau lance à Mme Normandeau :

— Nathalie, tu es chanceuse, toi. Tu as Lino dans ton entourage. Il s'occupe bien de toi.

Je ne sais pas si elle serait d'accord aujourd'hui.

***

En mai 2009, à quelques mois des élections municipales, Sylvie St-Jean me fait part d'un litige territorial qui dure depuis plus de trente ans entre les villes de Boisbriand et de Saint-Eustache.

— J'aimerais régler ce problème-là pour la campagne électorale, me dit-elle. Est-ce que tu pourrais appeler au bureau de Nathalie Normandeau pour voir s'il est possible de faire quelque chose?

J'appelle Bruno Lortie. Je lui explique le problème et lui demande s'il est possible d'organiser une rencontre entre la mairesse de Boisbriand et des fonctionnaires du ministère.

— Demain à 14 h, sois à nos bureaux avec la mairesse, me dit-il.

Voilà un résultat direct du financement politique: l'influence. Vous appelez le chef de cabinet de la ministre et vous obtenez un rendez-vous dans les 24 heures.

Le lendemain, Sylvie St-Jean et moi nous présentons à Québec à l'heure dite. Lortie nous conduit dans une salle de réunion où se trouvent une dizaine de fonctionnaires du Ministère des affaires municipales. Il nous souhaite la bienvenue et leur présente Mme St-Jean et moi-même, qu'il identifie comme un «ami», ce que j'avais trouvé assez imprudent de sa part devant des fonctionnaires. Au terme de la réunion, on convient qu'une première étape vers la solution du problème pourrait être la nomination d'un médiateur.

***

Cette rencontre à Québec, à laquelle s'ajoutait ma présence aux côtés de Nathalie Normandeau au spectacle de Céline l'été précédent, avait beaucoup fait jaser dans le monde municipal de la Rive-Nord de Montréal, qui est un univers assez clos et peuplé – comme on dit chez nous – par une «gang de mémères», qu'il s'agisse d'élus, d'ingénieurs ou d'avocats. Pour un nombre croissant de personnes, Zambito avait une entrée facile au bureau de la ministre et jouissait ainsi d'une grande influence qui allait bien au-delà des limites de Boisbriand.

Et s'il était possible d'en profiter, pourquoi s'en priver ?

C'est ainsi que, peu après cette réunion à Québec, Gilles Laporte, un conseiller en relations de travail à l'emploi du cabinet d'avocats Dunton Rainville, nettement associé au clan de Marlène Cordato, communique avec moi. Laporte essaie de me flatter dans le sens du poil en me faisant part de son étonnement que le dossier du litige territorial entre Boisbriand et Saint-Eustache connaisse un déblocage, dont il m'attribue en grande partie le mérite.

Toujours est-il qu'il souhaite organiser un déjeuner avec Claude Carignan, le maire de Saint-Eustache, que j'avais déjà croisé à une ou deux reprises. À la demande du sénateur Leo Housakos, j'avais même contribué au financement de sa campagne électorale comme candidat du Parti conservateur dans le comté de Rivière-des-Mille-Îles en 2008. Le déjeuner, qui a lieu quelques jours plus tard, est cordial. Claude Carignan souhaite que je lui donne un coup de main durant sa prochaine campagne à la mairie de sa ville. Je voyais une forte possibilité de conflit d'intérêts dans le fait de m'engager à la fois à Boisbriand et à Saint-Eustache, et je suis resté vague à cet égard. De toute manière, Carignan allait être nommé au Sénat quelques semaines plus tard et n'a pas été candidat à la mairie aux élections du 1er novembre 2009.

Et, bien sûr, nous étions alors à quelques semaines de la date fatidique du 15 octobre 2009, qui a marqué le début de ma descente aux enfers et après laquelle le vide complet a commencé à se faire autour de moi.

***

En octobre 2008, Roche avait organisé à Québec un autre cocktail auquel France Michaud m'avait demandé de participer à hauteur de 10 000 $. J'y avais invité de nouveau la mairesse de Boisbriand, Sylvie St-Jean, en plus de la mairesse de Rosemère, Hélène Daneault – qui deviendra plus tard brièvement la députée caquiste de Groulx à l'Assemblée nationale –, la mairesse de Sainte-Anne-des-Plaines, Catherine Collin, et l'ancien conseiller municipal de Boisbriand, Claude Brière. C'est le dernier événement de financement du PLQ auquel j'ai participé.

À l'été 2009, Bruno Lortie me demande de verser 30 000 $ dans le cadre d'un cocktail de financement organisé conjointement par Roche et Dessau, qui aurait lieu à l'automne.

La date de l'événement avait été fixée au 15 octobre, le jour même de la diffusion de la fameuse émission *Enquête*. Deux jours auparavant, j'avais eu vent de l'affaire et je savais que ça allait frapper fort. J'avais tout de suite appelé Lortie pour le mettre au parfum et lui dire que ce n'était peut-être pas une bonne idée que j'assiste à ce cocktail.

— Je te rappelle à 13 h, m'avait-il dit.

C'est la dernière fois que j'ai parlé à Bruno Lortie. Le même jour, une estafette du Parti libéral m'appelait pour me dire :

— Ne vous inquiétez pas pour le 15 et oubliez ce que M. Lortie vous a demandé.

Le message était aussi clair comme de l'eau de roche : On ne te connaît plus.

CHAPITRE 14

Financement

En juin 2007, alors que je suis à la maison, mon téléphone mobile sonne vers 21 heures Je regarde l'afficheur; c'est un numéro que je ne connais pas, mais je vois que l'indicatif régional est 418. Sans doute un appel de Québec. Au bout du fil, un dénommé Christian Côté, de la firme d'ingénieurs Dessau, se présente comme un responsable du financement politique pour David Whissell, alors ministre du Travail et ministre responsable de la région des Laurentides. Il me donne rendez-vous le lendemain matin à 8 h dans mes bureaux d'Infrabec.

D'emblée, l'affaire ne me disait rien de bon. Qu'un inconnu m'appelle quand la soirée n'était plus très jeune, c'était déjà à la limite de la politesse. Mais surtout, je n'avais pas beaucoup d'affinités avec les gens de Dessau, dont généralement je n'aimais pas les manières et que j'avais trouvés plutôt arrogants les quelques fois où j'avais travaillé avec eux.

Il se présente donc à mon bureau le lendemain. Après les salutations d'usage, il m'explique que le projet d'usine d'épuration de Boisbriand – dont j'avais obtenu le contrat, étant le plus bas soumissionnaire – allait coûter plus cher que prévu et nécessiter un nouveau règlement d'emprunt qui devrait être autorisé par le ministère des Affaires municipales.

— Si tu veux que le règlement d'emprunt passe, me dit-il sans sourciller, ça va te coûter 50 000 $.

Je ne comprenais pas trop. Voilà quelqu'un que je ne connais ni d'Ève ni d'Adam qui se présente chez moi et veut m'arnaquer de 50 000 $. Rien que ça ! Mais je résiste à l'envie de le sortir de mon bureau à coups de pied au cul. Je lui réponds simplement, avec le niveau limité de diplomatie dont je suis capable :

— Écoutez, monsieur Côté. Je ne vous connais pas. Laissez-moi quelques jours pour réfléchir à ça.

— J'ai besoin d'une réponse mardi au plus tard.

Nous étions vendredi. J'avais le week-end pour me retourner. Le dimanche matin, je réussis, par un intermédiaire, à joindre Pierre Bibeau.

Si le grand manitou du financement du PLQ était Marc Bibeau, il y avait aussi une autre personne portant le même patronyme qui en menait pas mal large sur ce plan. Militant du parti depuis les années 1970, il a occupé des postes importants au sein de l'organisation et il a été conseiller de Robert Bourassa. Peu après la victoire des Libéraux aux élections générales de 2003, il a été nommé vice-président communications et affaires publiques de Loto-Québec, poste qu'il a occupé jusqu'à l'automne 2015. Mes premiers contacts avec lui remontent à peu près à 2006, quand j'ai commencé à fréquenter des cocktails de financement du Parti libéral auxquels il assistait fréquemment.

Pierre Bibeau me donne rendez-vous le lundi matin au Marché 440 de Laval. Je lui résume la situation, tout en lui précisant :

— Je sais pas trop comment ça marche. Ça ne me dérange pas de contribuer à la caisse du parti. Mais tu comprendras que, quand un parfait inconnu débarque dans mon bureau et me réclame 50 000 $, j'ai le droit de me poser des questions.

Bibeau m'explique alors que Christian Côté est un proche de David Whissell et un ami de Bruno Lortie, le chef de cabinet de Nathalie Normandeau. Et devant moi, il sort son téléphone cellulaire de sa poche pour appeler son fils Alexandre, qui est justement le chef de cabinet de Whissell. Il lui résume la situation et lui dit :

— Tu diras à Côté qu'il ne se mêle pas de ça. Et appelle Bruno Lortie pour lui dire que le règlement d'emprunt doit passer.

Je remercie Bibeau et lui demande :

— Comment on s'organise ? Comment veux-tu que je t'aide ?

— Pour l'instant, je n'ai besoin de rien. Quand ce sera le cas, je te ferai signe.

C'est ainsi que le dossier a été réglé. Je n'ai pas rappelé Côté, qui m'en a apparemment beaucoup voulu. L'hiver suivant, quand j'ai organisé le cocktail de financement à Laval pour Nathalie Normandeau, j'ai choisi de n'inviter aucun représentant de Dessau – et surtout pas lui –, et je sais qu'il s'en est plaint au bureau de la ministre.

***

Ma route allait croiser encore une fois directement celle de Pierre Bibeau moins d'un an après cet épisode.

En avril 2008, j'étais dans une loge du Centre Bell pour assister à un match des Canadiens. Pierre Bibeau y était, ainsi que Yannick Bouchard, un représentant de la firme d'ingénieurs Genivar, et d'autres personnes.

Bien des problèmes se règlent dans les loges du Centre Bell. À l'époque, on disait souvent à la blague que les caméras, au lieu de filmer le match de hockey, devraient plutôt se tourner vers les loges. On y apprendrait souvent beaucoup de choses bien plus intéressantes, notamment quel ingénieur, quel politicien, quel maire est dans quelle loge et avec qui.

Bibeau explique aux gens présents qu'il souhaite organiser un cocktail de financement pour sa conjointe Line Beauchamp, qui était alors ministre de l'Environnement. Yannick Bouchard lui dit qu'il est prêt à le faire avec un de ses collègues. Bibeau lui répond :

— Ça fait une couple de fois que vous êtes censés m'organiser des choses et ça foire tout le temps à la dernière minute.

— Donne-nous la date, on va s'en occuper.

C'est ainsi que Genivar s'est chargé du cocktail pour Line Beauchamp qui s'est tenu le 6 avril 2009 au restaurant Piccolo Mondo à Laval. La contribution que m'avait demandée Bibeau était de 30 000 $. J'accepte de donner un coup de main à Bouchard pour l'organisation de l'événement, mais je ne veux pas non plus prendre trop de place, parce que j'en ai déjà organisé plusieurs autres.

L'événement, cette fois, était un brunch plutôt que le cocktail habituel. J'y avais invité deux ou trois personnes sur les 25 ou 30 présentes. Il y avait là, bien sûr, Pierre Bibeau et sa conjointe, la ministre Line Beauchamp, mais aussi des invités inattendus, dont Domenico Arcuri – que la rumeur lie de près au crime organisé – en compagnie d'un associé. À l'époque, Arcuri était président de Carboneutre, une entreprise de décontamination des sols – qui a fait faillite depuis – qui tentait d'obtenir un permis du ministère de l'Environnement. Son partenaire d'affaires était Raynald Desjardins qui, au moment où ces lignes sont écrites, est en attente de sentence après avoir plaidé coupable à une accusation de meurtre en décembre 2015.

Croisant Pierre Bibeau lors de l'événement, je l'informe que ma limite de contributions aux partis politiques est atteinte, tout comme celle de mes proches et de mes employés.

— Je n'ai plus personne à qui faire faire des chèques. Est-ce que ça irait si je te donnais du comptant ?

— Pas de problème.

— D'accord. Je t'appelle d'ici quelques jours et je règle ça.

Les contributions en argent comptant étaient monnaie courante – si j'ose employer ce jeu de mots – lors des événements de financement organisés par le Parti libéral. J'ai même eu connaissance d'un cocktail organisé au milieu des années 2000 au Sheraton Laval, au cours duquel une vingtaine de gens d'affaires avaient versé chacun 10 000 $ comptant, pour un total de 200 000 $. L'un des participants a d'ailleurs signé à cet effet une déclaration sous serment qui est aujourd'hui entre les mains de l'UPAC.

Une dizaine de jours plus tard, le matin, j'appelle Bibeau sur son téléphone cellulaire et il me donne rendez-vous en début d'après-midi à son bureau de Loto-Québec, au 500, rue Sherbrooke Ouest à Montréal. Je trouve vraiment bizarre le fait qu'il me convoque sur son lieu de travail, mais bon, c'est son choix. J'avais une liasse de billets – des petites coupures de 20 $ et de 100 $ – dans une enveloppe jaune fixée à ma ceinture, recouverte par un manteau léger, à l'abri des regards. Je me sentais assez mal à l'aise, comme dans un mauvais film d'espionnage.

Je me présente au poste d'accueil du hall d'entrée. L'agent de sécurité m'annonce et la secrétaire de Bibeau descend me chercher pour me conduire à son bureau. Elle me fait asseoir en attendant qu'il me reçoive. Lorsque j'entre dans son bureau, la télévision diffuse la période des questions à l'Assemblée nationale. Nous discutons de la pluie et du beau temps pendant quelques minutes et je lui remets l'enveloppe contenant les 30 000 $. Il me remercie en disant :

— Si jamais je peux faire quoi que ce soit pour toi, n'hésite pas.

Quand j'ai rapporté ces faits devant la commission Charbonneau, l'impact a été considérable. Pierre Bibeau a nié – aussi devant la Commission – en déclarant :

— Je lui ai pas demandé 30 000 $ et il m'a pas remis 30 000 $.

Il a même eu l'audace de dire qu'il n'avait jamais fait de financement pour le Parti libéral. Mais il suffit de relire ou de réentendre le reste de son témoignage et de le comparer au mien pour se faire une bonne idée du côté où se trouve la vérité. D'ailleurs, le gardien de sécurité du poste d'accueil de Loto-Québec a confirmé à des journalistes ma présence ce jour-là. Quant à la secrétaire de Pierre Bibeau, elle a aussi corroboré ma présence, cette fois sous serment devant la commission Charbonneau. Bien sûr, aucun d'entre eux n'a vu l'enveloppe, que je cherchais de mon mieux à cacher, mais les deux ont confirmé que je m'étais rendu au siège de Loto-Québec et que j'avais rencontré Bibeau.

***

Revenons maintenant à l'autre Bibeau, Marc, le grand responsable du financement du PLQ. Après avoir organisé le cocktail pour Nathalie Normandeau en janvier 2008, je l'ai revu à plusieurs reprises, la plupart du temps lors d'événements de financement du parti. En plus d'être le principal actionnaire d'une grande entreprise de fournitures de poutres de béton, il possède également d'importants actifs immobiliers – centres commerciaux et édifices de bureaux – dont il loue des espaces. Il est notamment propriétaire de l'immeuble où loge la Commission scolaire de la Seigneurie-des-Mille-Îles, sur le boulevard Arthur-Sauvé à Saint-Eustache.

Un matin de juin 2009, je reçois un appel de lui, qui veut me rencontrer à l'heure du lunch. C'était une journée de chantier, donc j'étais en jeans et bottes de travail. Je retourne à la maison pour prendre une douche, me raser et me vêtir convenablement, et je le rejoins vers 12 h 30 au restaurant Calvi du centre commercial Centropolis de Laval.

Il m'informe d'entrée de jeu qu'il a un service à me demander. Il m'explique que les dirigeants de la Commission scolaire – qu'il souhaite voir renouveler leur bail pour dix ans – hésitent à le faire et songent à acquérir leur propre édifice. Je suis étonné, parce que la présidente de l'organisme, Paule Fortier, avait été candidate du PLQ dans le comté de Deux-Montagnes aux élections de 2007. Il aimerait que je fasse jouer mes contacts – en particulier la mairesse de Boisbriand, Sylvie St-Jean – pour tenter de convaincre les commissaires de revenir à de meilleurs sentiments. J'ai besoin de quelques jours pour explorer les options et je lui promets de lui revenir sous peu.

Mon réflexe est d'appeler Claude Brière de BPR-Triax, qui est aussi proche conseiller de Sylvie St-Jean. Je le presse d'essayer de trouver une solution.

— Tu sais, Claude, chaque fois qu'on a eu besoin des Libéraux, ils ont répondu présent. Je sais que tu connais bien les gens des commissions scolaires.

Brière accepte d'entreprendre des démarches. Mais entre-temps, le chef de cabinet du premier ministre Charest, Dan Gagnier – celui-là même qui, lors de la campagne fédérale de 2015, a mis Justin Trudeau dans l'embarras en étant à la fois coprésident du comité de campagne nationale des Libéraux et conseiller de TransCanada dans le dossier du pipeline Énergie Est – avait communiqué avec le directeur général de la Commission scolaire, Jean-François Lachance, pour le convaincre de renouveler le bail et celui-ci en avait été offusqué.

Apprenant la nouvelle, j'avais appelé Marc Bibeau pour lui dire que ce n'était pas très prudent que le chef de cabinet du premier ministre se mêle de ce dossier. Il avait beaucoup de difficulté à croire que cela s'était passé.

— C'est impossible, m'avait-il dit. On ne va pas au *bat* pour un dossier comme ça.

L'assemblée générale de la Commission scolaire avait lieu le 23 juin en soirée. Les choses avaient traîné en longueur, mais au bout du compte la décision fut prise par résolution de renouveler le bail avec Bibeau. Brière avait fait du bon travail. Il m'avait appelé vers 23 h 30 pour me confirmer la nouvelle. Le dossier était réglé.

Le lendemain matin, jour de la Saint-Jean, j'appelle Marc Bibeau pour l'informer du renouvellement du bail.

— Merci, me dit-il. Si jamais je peux faire quelque chose pour toi, n'hésite pas.

***

Quelques semaines plus tard, le 5 septembre 2009, j'as-siste au Sheraton Laval à un gros événement pour souligner la retraite du Sénat de Mme Lise Bacon qui, comme chacun le sait, a aussi eu de longs états de service à Québec à titre de députée et de ministre. La fête était organisée par Guy Ouellette, le député de Chomedey – le comté qu'avait représenté Mme Bacon de 1981 à 1989 –, et une bonne partie du gratin libéral était présent.

Il se trouve que, pendant le repas, je suis assis à côté de Marc Bibeau. Dans le courant de la soirée, je profite de l'occasion pour lui parler d'un problème que j'avais dans la réalisation d'un projet sur le chemin de la Côte Sud à Boisbriand. Il y avait déjà quelques mois que le dossier traînait parce que le règlement d'emprunt associé à ce projet n'avait pas encore été approuvé par le ministère des Affaires municipales. J'en avais parlé à Bruno Lortie, mais le dossier ne débloquait pas et nous nous demandions pourquoi. Marc Bibeau me dit alors :

— Ça va se régler et je te garantis que ce ne sera pas long.

Il prend son téléphone portable et appelle Dan Gagnier, le chef de cabinet de Jean Charest, à qui il laisse le message de le rappeler au plus vite. Cinq minutes plus tard, il a Gagnier au bout du fil.

— Dan, je suis avec un ami, Lino Zambito. Il a un projet à Boisbriand et le règlement d'emprunt du ministère des Affaires municipales tarde à venir. Peux-tu mettre ton nez là-dedans ? Demain, il y a un conseil des ministres. Je veux que tu parles à Bruno Lortie. Faut que ce dossier-là débloque. Tu m'en redonnes des nouvelles.

Il raccroche et me dit :

— Donne-moi une journée ou deux.

— Marc, appelle pas au bureau du premier ministre pour une affaire comme ça. Y a sûrement des choses plus importantes que ça à régler au Québec.

— Quand on a eu besoin de toi, t'étais là. Là, t'as besoin de nous. Faut qu'on soit là pour toi. Faut que l'ascenseur revienne. C'est comme ça que ça marche.

Il ajoute ensuite :

— Quand on forme un conseil des ministres, on est cinq dans le *war room*. Je suis un des cinq et les ministres le savent. J'ai du poids. Quand on a besoin qu'un dossier se règle, ils sont mieux de bouger.

Pas de grands principes. Pas d'états d'âme. Un homme puissant qui incarnait la force de la machine libérale.

***

Mais les Libéraux ne sont pas les seuls à avoir agi ainsi. Les entrepreneurs – tout comme les firmes de génie, les cabinets d'avocats et quiconque espère obtenir des contrats ou des faveurs de la part du gouvernement – soufflent généralement dans la même direction que le vent. Et après les élections générales de 2007, à l'issue desquelles l'Action démocratique du Québec est devenue l'opposition officielle à l'Assemblée nationale, le vent soufflait précisément dans les voiles du parti de Mario Dumont. Bien des gens pensaient que l'ADQ était aux portes du pouvoir, à commencer par ses dirigeants eux-mêmes.

En effet, le 26 mars 2007, l'ADQ de Mario Dumont avait fait élire 41 députés et relégué le Parti québécois au rang de deuxième opposition, dans une Assemblée nationale où les Libéraux dirigeaient un gouvernement minoritaire. Tous les espoirs lui étaient donc permis.

C'est ainsi qu'à l'été 2008, j'ai assisté, en compagnie de mon oncle Jean Rizzuto, à une rencontre avec Mario Dumont et Leo Housakos, qui présidait alors le comité de financement de l'ADQ. Les deux hommes nous avaient demandé de consentir une contribution annuelle de 30 000 $ à leur parti. J'avais accepté et fourni 25 000 $ cette année-là.

Cette contribution annuelle me donnait le privilège de dîner en privé avec Mario Dumont une à deux fois par année. J'ai participé à une seule de ces rencontres à l'automne 2008, en compagnie de Paolo Catania et de trois autres entrepreneurs.

J'ai raconté cet épisode dans le cadre d'un reportage de la journaliste Wendy Mesley, de la télévision anglaise de Radio-Canada, diffusé en juin 2013. En réaction au reportage, Leo Housakos – entre-temps devenu sénateur – a simplement nié avoir participé à quelque activité de financement douteuse ou illégale que ce soit. Mais en tant que spécialiste de la collecte de fonds pour des partis politiques, il ne pouvait pas ne pas savoir que ce qu'il faisait n'était pas conforme à la loi.

Au bout du compte, mon entente de financement avec l'Action démocratique du Québec fut très brève. Aux élections générales du 8 décembre 2008, le parti s'effondrait et Mario Dumont annonçait le soir même son retrait de la vie politique. Quant à Leo Housakos, il était nommé sénateur par Stephen Harper quelques jours plus tard, le 22 décembre.

***

Tous les épisodes que j'ai racontés dans les deux derniers chapitres ont fait l'objet de déclarations officielles, et le contenu de celles-ci est entre les mains de l'UPAC. Et pourtant, à part dans le cas de Nathalie Normandeau, il n'y a pas encore eu de suivi de la part des autorités policières.

Au fil des ans, j'ai appris à connaître de l'intérieur, et assez à fond, le fonctionnement du financement – largement occulte – des partis politiques au Québec et surtout du PLQ. J'ai assisté à des dizaines de cocktails de financement où on croisait toujours à peu près les mêmes personnes : des politiciens et apparatchiks du Parti libéral, bien sûr, mais aussi des représentants de firmes de génie et de cabinets d'avocats, et une foule d'entrepreneurs comme moi. Je suis loin d'être le seul à avoir navigué sur cette galère. Comme je l'ai évoqué à plusieurs reprises, les entrepreneurs étaient mal placés pour refuser aux firmes de génie de contribuer au financement des partis politiques. C'était une condition implicite pour avoir de bons rapports avec les ingénieurs qui supervisaient nos travaux et pour éviter des problèmes sur nos chantiers.

On a l'habitude de dire, dans presque toutes les sphères d'activité, que l'argent est le nerf de la guerre. C'est certainement vrai en politique et ça l'est encore plus pour le Parti libéral du Québec. À l'époque où j'ai eu le loisir de constater, pendant plusieurs années, comment fonctionnait le financement au PLQ, j'avais nettement l'impression que, à bien des égards, le financement du parti était pour les hautes instances du gouvernement une fin en elle-même et que la saine gouvernance du Québec passait loin derrière dans l'ordre de leurs priorités. C'était l'œuvre de gens comme Marc Bibeau et Pierre Bibeau, qui ne se souciaient même pas de s'assurer que les contributions consenties à leur parti étaient conformes à la loi.

CHAPITRE 15

Rapport

Le 24 novembre 2015, la commission Charbonneau déposait son rapport au terme de 263 jours d'audience étalés sur deux ans et demi, après avoir entendu quelque 300 témoins et accepté le dépôt de plus de 3600 documents. On ne peut nier qu'il s'est abattu là un travail colossal.

J'avoue avoir éprouvé un certain malaise en prenant connaissance des premières réactions à la publication du rapport, en particulier lorsque certains journalistes et commentateurs ont affirmé que les travaux de la Commission s'étaient terminés en queue de poisson.

Car, pour analyser avec un minimum d'objectivité et de rigueur les résultats de la commission Charbonneau, il faut évaluer l'ensemble et se reporter à 2011, avant qu'elle entreprenne ses travaux. Quelle était alors la situation dans l'industrie de la construction et dans le financement des partis politiques? Et surtout, qu'est-ce que la population en savait? Peu de chose, à vrai dire. Il y avait des rumeurs, des doutes, des soupçons. Les journalistes détenaient des bribes d'information, quelques filons, des témoignages épars. Mais rien qui soit véritablement confirmé ou corroboré. Puis, quand les contours du système de corruption dans l'industrie de la construction ont commencé à se préciser, le sentiment général de la population a d'abord été qu'il s'agissait là d'un problème attribuable à quelques entrepreneurs véreux, et non pas d'un système généralisé alimenté par plusieurs types d'acteurs.

Aujourd'hui, cinq ans plus tard, il est indéniable que la population québécoise est mieux informée que jamais des tenants et aboutissants du système de corruption qui a gangrené – et continue de miner – le secteur de la construction. Et cet extraordinaire travail d'information a suscité une vaste prise de conscience collective qui est dans une large mesure le fait de la commission Charbonneau. Elle a en effet démonté avec une précision proprement chirurgicale les systèmes de collusion et de corruption mis en place dans les deux plus grandes villes du Québec, soit Montréal et Laval. Elle a mis en lumière tous ses mécanismes – pots-de-vin aux fonctionnaires, versements aux partis politiques, *pizzo* à la mafia, faux extras – et dénoncé ses acteurs, qu'il s'agisse d'entrepreneurs, de fonctionnaires, de politiciens ou de représentants de firmes de génie.

Dans toute cette constellation qui a formé le système de collusion de l'industrie de la construction dans plusieurs régions du Québec, une seule catégorie n'a pas été ciblée par la Commission, soit les fournisseurs et sous-traitants des entrepreneurs généraux. Partout où il y avait un marché fermé, où quelques entreprises seulement étaient privilégiées, les fournisseurs – usines d'asphalte, carrières de pierre, fabricants de tuyaux de béton ou de PVC, etc. – étaient au courant du système et augmentaient leurs prix à l'avenant.

Malgré cette omission, il n'en demeure pas moins que l'un des principaux points forts de la commission Charbonneau, c'est d'avoir informé et sensibilisé, ce qui, à mes yeux, est extrêmement important sur le plan démocratique. Car si la population n'est pas informée, elle ne pourra jamais exercer de pression sur le gouvernement, qui n'agira certainement pas de lui-même pour redresser la situation.

Je crois donc que, de façon générale, la commission Charbonneau a bien fait son travail, et son rapport s'inscrit dans cette foulée. Il s'agissait essentiellement pour la juge Charbonneau et son équipe de dresser un état des lieux, d'exposer les problèmes et de proposer des pistes de solution.

Mais il y a aussi eu beaucoup de points faibles.

***

À bien des égards, les audiences de la commission Charbonneau ont pris la forme d'un spectacle télévisé, avec de fortes cotes d'écoute, dans lequel il y avait tous les ingrédients d'une bonne télésérie : des bons, des méchants, de la fraude, des menaces et de l'intimidation, des entrepreneurs malhonnêtes, des fonctionnaires pourris, quelques politiciens corrompus, des syndicalistes aux fréquentations douteuses et même un bateau de luxe, en plus d'un soupçon de crime organisé ; tout cela est toujours assez vendeur. Par ailleurs, le système de collusion et de corruption à Montréal, qui a été exposé en détail devant la Commission, était d'une telle limpidité que la trame était facile à suivre, et le rôle de chaque personnage, aisé à comprendre. Et puis, il y a, en prime, pour le citoyen moyen, le sentiment rassurant de pouvoir se comparer avantageusement à « cette gang de pourris ». Les commissions d'enquête sont rarement aussi divertissantes. Mais quand les sujets à aborder sont devenus plus complexes, que les liens devenaient moins évidents à établir, la Commission a perdu beaucoup de son mordant.

Et cela m'amène à ce qui est, selon moi, l'une des failles les plus importantes de la Commission, soit le fait que la question du financement des partis politiques n'y a été qu'à peine effleurée. On s'en est donné à cœur joie sur ce qui se passait à Montréal et à Laval, mais il n'y avait pas la même volonté de transparence à l'égard des partis provinciaux et de l'État québécois. De toute évidence, ses dirigeants ne souhaitaient pas aller au fond des choses à ce chapitre, même si la Commission a appelé à la barre des témoins comme Nathalie Normandeau, Bruno Lortie, Julie Boulet, Pierre Bibeau et Violette Trépanier, qui étaient sur la défensive et avaient tous intérêt à en dire le moins possible. Mais il suffit de consulter la transcription des témoignages de l'ancien vice-président de Dessau, Rosaire Sauriol, et de l'ancien président de Génius Conseil, Michel Lalonde – pour ne nommer que ces deux-là –, pour comprendre que la Commission ne souhaitait pas trop en savoir sur les relations entre les firmes de génie et le Parti libéral du Québec, non plus que sur celles entre les firmes de génie et le Parti québécois. Lorsque ces deux hommes ont entrepris de démonter les mécanismes gouvernant les rapports entre les bureaux d'ingénieurs et les solliciteurs de fonds des partis provinciaux, les procureurs les ont rapidement interrompus pour détourner le sujet en disant que cette question précise allait être abordée plus tard lors d'audiences ultérieures. J'ai moi-même été approché, après mon témoignage devant la Commission, pour revenir à la barre des témoins afin de parler spécifiquement du financement des partis politiques provinciaux. Finalement, cela ne s'est jamais concrétisé.

Pourquoi la Commission s'est-elle obstinée à détourner le regard sur une question aussi directement liée à la corruption dans l'industrie de la construction? Pourquoi a-t-elle choisi de laisser filtrer certaines informations et d'en cacher d'autres? Je n'ai pas de réponse précise à apporter. Mais ce que je soupçonne fortement, toutefois, c'est que la politique y a probablement joué un rôle, que ce soit par le biais de la Sûreté du Québec ou d'autres instances. Peut-être est-ce le fait de certains procureurs et enquêteurs qui ont pensé à leur avenir et à d'éventuelles promotions en refusant que la vérité éclate au grand jour. Peut-être est-ce aussi dû à la présence auprès des responsables de la Commission d'un certain Alain Lauzier, un ancien secrétaire adjoint du Conseil exécutif – soit le ministère du premier ministre Jean Charest – de 2003 à 2010, pour les conseiller sur le déroulement et le fonctionnement de ses travaux. Il est clair que ce personnage n'avait pas intérêt à ce que la commission Charbonneau compte dans les buts de son équipe. D'après moi, une commission véritablement indépendante qui aurait voulu aller au fond des choses en matière de financement des partis politiques n'aurait pas embauché quelqu'un d'aussi nettement associé au gouvernement libéral.

À ce sujet, un article publié le 9 juin dernier dans *La Presse*, sous la plume de Kathleen Lévesque, est extrêmement instructif. S'appuyant sur un document interne de la commission Charbonneau – authentifié par deux personnes qui ont eu connaissance de son témoignage –, la journaliste indiquait que l'entrepreneur Paolo Catania avait versé des millions de dollars en contributions politiques à tous les partis municipaux, provinciaux et fédéraux. Catania a également affirmé aux enquêteurs de la Commission qu'il s'était vu offrir, en échange de contributions au Parti libéral du Québec, une surveillance complaisante des chantiers qu'il dirigerait s'il remportait des contrats du ministère des Transports.

Outre les faits rapportés dans ce document, ce qui est aussi particulièrement révélateur – et à mon avis scandaleux –, c'est que Catania n'a jamais été appelé à la barre pour en témoigner devant la commission Charbonneau. Qui a jugé – et pour quelles raisons – que ces informations ne méritaient pas d'être rendues publiques ? Mon autre question est la suivante : combien de ces témoignages obtenus à huis clos par les enquêteurs de la Commission dorment aujourd'hui sur les tablettes des Archives nationales du Québec, où ils ne pourront être consultés avant la fin du siècle, alors que l'existence même de la commission Charbonneau sera oubliée depuis longtemps et que tous les protagonistes seront morts et enterrés ?

Un autre élément qui donne fortement à penser que les dirigeants de la Commission n'avaient pas la volonté d'examiner en profondeur le financement des partis politiques est le fait qu'aucun chef de parti – et en particulier Jean Charest – n'a été appelé à la barre des témoins pour dire ce qu'il savait des activités de financement de sa formation politique. Je ne comprends vraiment pas comment il se fait que Jean Charest, Pauline Marois et Mario Dumont n'aient pas eu à témoigner. Il revenait à ces gens, qui étaient à la tête de partis politiques, de répondre aux questions. Quand la Commission a eu des questions à poser au sujet d'Infrabec, c'est moi qu'on a assigné à la barre des témoins, pas mes ingénieurs ni mes employés. Personnellement, j'ai beaucoup de difficulté à croire que ces chefs de parti n'étaient pas au courant de la pratique des prête-noms, que le rapport Moisan avait mis en lumière dès 2006. Qu'ils en répondent devant la Commission aurait représenté un minimum à mes yeux. Pour quel motif les a-t-on soustraits à cet exercice, alors que la commission Gomery avait assigné le premier ministre Jean Chrétien à la barre et que Jean Charest avait lui-même dû témoigner devant la commission Bastarache en 2010 ?

Le seul cas sur lequel la Commission s'est penchée un tant soit peu est celui de Nathalie Normandeau et du ministère des Affaires municipales. Le ministère des Transports – le plus important donneur d'ordres au Québec – a à peine été effleuré. De la même manière, les commissaires ont refusé de se pencher sur le cas de la construction des deux grands hôpitaux universitaires montréalais, dont les dépassements de coûts se chiffrent aujourd'hui à plus de un milliard de dollars. Pourtant, la saga du Dr Porter au CUSM aurait dû les alerter.

Ce que la commission Charbonneau aurait aussi dû mettre en lumière, c'est que lorsqu'on fixe à des ministres un objectif annuel de 100 000 $ de financement politique – comme ce fut le cas au Parti libéral à partir de 2003 –, on les soumet à une pression très difficile à soutenir et, surtout, on les rend extrêmement vulnérables. Les ministres et les membres de leur cabinet ont déjà suffisamment de pain sur la planche au quotidien sans être obligés, en plus, de se charger de la collecte de fonds pour le parti. Qu'un ministre soit invité à une activité de financement, c'est une chose ; mais que son chef de cabinet se charge personnellement de l'organiser et de recueillir des fonds, ça me paraît poser de graves problèmes au plan éthique.

Lorsque le rapport de la Commission a été rendu public, j'ai vu à la télévision bien des ministres du gouvernement Couillard – et le premier ministre lui-même – afficher des mines réjouies parce qu'aucun blâme n'avait été porté à l'endroit d'individus en particulier, et notamment à l'égard de membres anciens ou actuels du cabinet ou du Parti libéral. Bien sûr, je suis d'accord avec le fait qu'aucun blâme individuel n'ait été porté par la Commission. Personnellement, j'aurais vraiment trouvé injuste que moi ou d'autres entrepreneurs de la région de Montréal soyons réprimandés, tandis qu'on aurait ignoré ceux qui se sont livrés aux mêmes pratiques que nous dans d'autres régions du Québec. Mais, par ailleurs, j'ai trouvé assez frivole et culotté de la part de certains ministres de plastronner parce qu'aucune figure en vue du PLQ n'avait été blâmée par la Commission. Il fallait vraiment faire preuve d'inconscience pour afficher du soulagement face au rapport de la Commission, alors même que les pratiques qui y ont été mises en lumière et dénoncées – dont le financement politique occulte – ont eu cours presque exclusivement pendant que leur parti était au pouvoir.

***

Il me paraît évident que la dissidence exprimée par le commissaire Renaud Lachance, sur l'existence d'un lien indirect entre le versement d'une contribution politique et l'obtention d'un contrat public, n'a pas aidé la Commission à passer un message clair sur le rôle du financement des partis dans la corruption qui ronge l'industrie de la construction au Québec. Mais je pense précisément qu'on n'en serait pas arrivé à cette dissidence si la Commission avait choisi d'aller au fond des choses, plutôt que d'effleurer la question du financement.

Cela dit, je comprends jusqu'à un certain point la logique de M. Lachance, que je tiens pour un homme brillant, rigoureux et fondamentalement intègre. Si on cherche à établir un lien entre le financement politique et l'obtention de contrats au provincial de la même manière qu'on l'a fait au municipal, il est évident que l'équation est différente. À la Ville de Montréal, le lien était clair pour chaque contrat : aussitôt qu'un entrepreneur remportait un appel d'offres et obtenait un contrat, il versait un pot-de-vin. Comme je l'ai déjà expliqué, au provincial, les choses n'étaient pas aussi limpides. Les entrepreneurs étaient sollicités par les firmes de génie qui, elles, organisaient des événements de financement pour tel ou tel ministre. En retour, les entrepreneurs qui participaient au financement des partis par l'intermédiaire des bureaux d'ingénieurs pouvaient bénéficier de la complaisance (faux extras, réduction des quantités, plans truqués, etc.) de ceux-ci sur les chantiers qu'ils supervisaient. En somme, les entrepreneurs étaient plus ou moins les otages de firmes de génie à qui ils n'avaient pas intérêt à dire non.

Comme on le voit, du côté des contrats publics provinciaux, il n'y a pas de véritable équation chiffrée. L'absence d'une telle équation est sans aucun doute ce qui a incité le commissaire Lachance à ne pas établir de lien et à exprimer sa dissidence.

Donc, même si je comprends le cheminement de M. Lachance, je ne peux pas être d'accord avec lui. Car, à mes yeux, l'exemple du cocktail de financement organisé par Roche à Québec en 2006 pour Nathalie Normandeau témoigne à lui seul du lien manifeste qui existe entre le financement des partis politiques et les contrats gouvernementaux. Voilà un événement partisan au cours duquel la ministre des Affaires municipales annonce l'octroi d'une subvention accrue à une municipalité, pour un projet d'usine d'épuration dont l'organisateur est précisément la firme qui effectuera la surveillance des travaux sur le chantier. Au-delà des chiffres et des pourcentages qui existaient ou existent encore au municipal, ce lien-là m'apparaît clair, net et précis.

J'aurais aimé que les procureurs de la Commission posent un certain nombre de questions très simples à des ingénieurs, avocats, comptables et entrepreneurs qui ont fait affaire avec le ministère des Transports du Québec. Si vous ne contribuez pas à la caisse électorale du parti au pouvoir, aurez-vous des mandats ? La réponse aurait été un retentissant « non ». À l'époque où j'étais entrepreneur, il était de notoriété publique dans le milieu de la construction que les bureaux d'ingénieurs avaient des quotas de financement, fixés par les collecteurs de fonds du Parti libéral, à atteindre en fonction de leurs parts de marché. Pourquoi ces firmes auraient-elles déployé autant d'énergie et d'efforts si elles n'obtenaient rien en retour ?

Voilà pourquoi ceux qui, comme moi, connaissent bien la question et suivent de près l'univers de la construction et ses liens étroits avec le monde politique ont bien du mal à s'expliquer la dissidence de Renaud Lachance.

***

La commission Charbonneau, comme je l'ai mentionné, a abattu un travail colossal de sensibilisation qui devait absolument être fait. Mais, dans la foulée – et cela était sans doute inévitable –, elle a aussi fait des victimes collatérales dont la mise à l'écart a représenté une perte pour la collectivité québécoise. Je veux parler de ces entreprises qui, éclaboussées directement ou indirectement par les révélations de la Commission, ont dû fermer leurs portes ou être vendues à des intérêts étrangers. Je pense notamment à Asphalte Desjardins, Sintra, Excavations Payette, Magil Construction qui ont été absorbées par des multinationales. Si bien qu'aujourd'hui, plus de 70 % des usines d'asphalte, cimenteries et fabricants de béton au Québec appartiennent à des multinationales qui contrôlent dans les faits les matériaux de production et dictent leurs prix. Dans le domaine de l'ingénierie, c'est un phénomène de perte d'expertise qui s'est produit, alors que, par exemple, Dessau a été cédée à des intérêts albertains et que Genivar, à l'issue d'une fusion et d'un changement d'administration, a été absorbée par WSP Global.

Cela dit, la Commission a-t-elle permis de changer les choses ? Tout indique qu'à cet égard, même si elle a mis un frein aux pratiques qui avaient cours, ses succès demeurent très limités.

Car, si la situation dans les deux plus grandes villes du Québec a été largement documentée, il reste cependant que des cas alarmants de fraude et d'abus de confiance qui se produisaient et qui se produisent toujours dans bien d'autres municipalités du Québec n'ont pas été relevés. Mais, à sa décharge, il va de soi que la Commission n'était pas là pour dresser un inventaire et passer chaque municipalité au peigne fin, mais pour poser un diagnostic global et faire des recommandations.

Il est certain que le monde municipal a été fortement ébranlé par les révélations de la Commission. À Montréal, quatre maires se sont succédé en moins d'un an et plusieurs fonctionnaires corrompus ont été écartés. À Laval, Gilles Vaillancourt, que tout le monde croyait indélogeable, est lui aussi tombé de son socle. Mais, depuis, la poussière est retombée et beaucoup de choses sont revenues au même point. J'ai pu le constater au cours des derniers mois.

Bien sûr, les entreprises qui souhaitent soumissionner auprès d'un organisme public doivent, depuis 2013, obtenir une autorisation accordée par l'Autorité des marchés financiers. Mais, de toute évidence, ce système est une passoire.

Sur la Rive-Nord de Montréal – un secteur que je connais bien –, les alliances qui existaient auparavant ont été réactivées. On voit les mêmes firmes d'ingénieurs effectuer la surveillance de chantiers dirigés par les mêmes entrepreneurs. Il y a plusieurs municipalités – Terrebonne, Sainte-Thérèse, Saint-Jérôme, pour ne nommer que celles-là – où un grand ménage aurait dû être fait, mais où les élus sont les mêmes qu'avant la création de la commission Charbonneau. C'est le cauchemar de la décennie 2000 qui revient.

À Montréal aussi, j'ai constaté que, malgré les dénonciations faites devant la Commission, la collusion dans le domaine des trottoirs existe toujours. Il y a eu des changements nominatifs de propriété et de gestion, mais ce sont toujours les mêmes – amplement nommés à la commission Charbonneau – qui continuent de tirer les ficelles. Le seul véritable changement, c'est qu'ils ont réduit leur marge de profit de 10 à 15 %, alors qu'elle était de 40 % auparavant. L'image de la Ville s'en est trouvée améliorée parce que les coûts ont baissé, mais la réalité de la collusion est toujours présente. C'est vrai pour les trottoirs, ça l'est aussi pour les égouts. Et dans le secteur du déneigement, c'est la même situation qui prévaut, comme le rappelait le Bureau de l'inspecteur général de Montréal, Denis Gallant, dans un rapport déposé en juin dernier.

Est-ce que les entreprises qui pratiquent la collusion continuent de verser un *pizzo* à la mafia ? Je ne saurais le dire. Ce que je sais, par contre, c'est que lorsque le crime organisé tire profit d'une activité, il n'a pas l'habitude de laisser tomber. Donc, la logique me dit que s'il y a encore de la collusion, il y a sans doute encore des montants qui sont versés.

Il y a présentement à Montréal plus de 400 chantiers en activité. La demande est forte. Or, quand on décide d'entreprendre autant de travaux en même temps, on est beaucoup plus vulnérable à la collusion. Le nombre d'entreprises spécialisées en travaux complexes demeure en effet limité, alors elles augmentent leurs prix de façon artificielle, la mentalité du «chacun son tour» reprend ses droits et les vieilles habitudes font un retour en force. Certains trouveront peut-être la comparaison un peu boiteuse, mais à mes yeux, la collusion s'apparente à bien des égards à l'alcoolisme, dans la mesure où la tentation est toujours présente. Il revient non seulement aux entrepreneurs, mais aussi à l'ensemble de la société de prévenir les rechutes en sortant du décor les gens qui ont fraudé et se sont livrés à la corruption. Car la perspective des profits rapides et de l'argent facile est toujours attirante. Il suffit de voir les revenus de Loto-Québec pour s'en convaincre.

La lutte à la corruption demeure un perpétuel recommencement.

***

Bien sûr, le gouvernement – le premier ministre en tête – a assuré qu'il allait mettre en œuvre les recommandations de la commission Charbonneau. Mais il ne suffit pas de se légitimer en affirmant que le PLQ n'est plus le même, comme le fait M. Couillard. J'aimerais bien le croire sur parole, mais ce n'est pas vrai qu'à lui seul il réussira à changer d'un coup de baguette magique une culture et des systèmes implantés de si longue date.

Car il ne s'agit plus seulement de mettre en place des recommandations, mais surtout de le faire avec l'intention de changer véritablement les mœurs. Et pour y parvenir, il faut être proactif. Jusqu'à maintenant, même si certaines recommandations de la Commission ont été mises en œuvre, le gouvernement s'est surtout limité à réagir aux situations de crise, comme il l'a fait dans le cas du ministère des Transports au printemps dernier. Cette mentalité de pompier ne mènera nulle part.

Le fait que la collusion existe encore dans le domaine des trottoirs, du déneigement et des égouts à Montréal, le fait que la corruption demeure endémique au municipal dans des régions comme la Rive-Nord de Montréal témoignent de la nécessité d'un mécanisme permanent de surveillance et de vérification, afin de tuer dans l'œuf toute velléité de retour aux vieilles habitudes. Assurément, la création du Bureau de l'inspecteur général de la Ville de Montréal – dirigé par Me Denis Gallant – représente un pas dans la bonne direction. Mais cet organisme doit disposer de plus de pouvoirs et de ressources qu'il n'en a présentement. Pour enrayer la corruption, il faudra plus que des mesures ponctuelles. Il faudra, en fait, que la lutte à la collusion et à la corruption devienne pour le gouvernement une véritable obsession et, surtout, une obsession permanente.

À l'heure actuelle, je n'ai pas le sentiment que cette volonté existe. On est toujours face à un gouvernement qui cherche avant tout à préserver son image, qui est prêt à sacrifier un pion ici et là, mais qui n'est pas disposé à faire le ménage qui s'impose, ce qui exige du temps, de l'énergie et une impitoyable détermination.

Il ne suffit pas, comme le gouvernement le faisait déjà avant même que soit créée la commission Charbonneau, de se laver les mains du problème en s'en remettant à l'UPAC, qui en a déjà plein les bras et n'est pas en mesure de s'attaquer à elle seule aux problèmes. Les crimes économiques, la collusion sont des choses très difficiles à prouver. D'ailleurs, personne encore – malgré la commission Charbonneau – n'a été accusé de collusion. Cependant, l'UPAC doit faire des choix, et j'avoue que certains de ses choix m'étonnent. Ainsi, encore tout récemment, le commissaire de l'UPAC indiquait que le seul sujet lié au MTQ sur lequel son équipe enquêtait était celui de l'aménagement de l'échangeur Turcot, un projet en cours. Mais rien sur les anomalies des dernières années.

Comme j'ai eu l'occasion de le souligner dans cet ouvrage, la Commission est passée à côté de cet élément essentiel du cancer qui ronge l'industrie de la construction, à savoir le ministère des Transports du Québec, où une culture du secret et de l'intimidation a cours depuis de nombreuses années. Ce que la commission Charbonneau a négligé, il revient maintenant au gouvernement de s'en charger. C'est également le cas d'Hydro-Québec, un État dans l'État – comme on l'a fréquemment décrite, à juste titre – qui est l'un des plus importants donneurs d'ordres au Québec et dont le Vérificateur général soulignait déjà, en 2014, le manque de transparence et de collaboration, comme si elle n'avait de comptes à rendre à personne.

On n'enrayera jamais complètement la corruption dans l'industrie de la construction. Mais on peut encadrer ses activités pour éviter qu'elle soit gouvernée par la loi de la jungle. Nous vivons dans un État de droit, et il faut sortir de l'industrie les individus récalcitrants qui s'obstinent à ne pas respecter les lois, peu importe où ils se trouvent.

Il reste encore beaucoup à faire afin d'assainir véritablement l'industrie de la construction.

Épilogue

Les dernières années ont été difficiles, mais je suis retombé sur mes pieds. Je ne m'en plains pas outre mesure. J'ai commis des gestes répréhensibles, je les ai avoués et j'en ai assumé les conséquences. Et sans vouloir minimiser l'ampleur de ce que j'ai fait, j'ose croire que, une fois que j'aurai purgé ma peine, j'aurai payé ma dette à la société. Et à ceux qui maintiennent malgré tout que je demeure un bandit, je rappelle que cette dette, je l'ai payée plus chèrement que n'importe qui d'autre dans le milieu de la construction. Cinq ans après le début de la commission Charbonneau, on peut encore compter sur les doigts d'une seule main les personnes qui ont été condamnées pour des fautes semblables. Et Dieu sait qu'ils sont légion, ceux qui auraient dû au moins être accusés et qui sont passés sous le radar de la justice.

Je suis d'autant plus serein face à mon passé que, lorsque j'ai comparu devant la Commission, je n'ai pas été évasif et je n'ai pas fait semblant d'avoir des trous de mémoire. J'ai été clair et j'ai dit la vérité. J'ai eu le courage de dénoncer le système pour tenter à ma manière de changer les choses. Cela m'a libéré d'un poids énorme. Et qu'une magistrate aussi respectée que la juge France Charbonneau ait reconnu spécifiquement le caractère inestimable de mon témoignage m'a confirmé que j'avais fait un choix honorable et utile pour la société.

Pendant la majeure partie des années 2000, j'ai vécu dans un monde artificiel où l'argent coulait à flots. Je brassais de grosses affaires, je naviguais dans le *jet set*, des gens importants me tutoyaient et j'avais fini par me croire incontournable. Emporté par ce tourbillon, j'en étais venu à oublier les valeurs essentielles inculquées par mes parents, et cela m'a coûté mon couple. Au-delà des arnaques, des faillites et des procès, c'est la plus grande perte que j'ai essuyée, au bout du compte.

Quand le ciel a commencé à me tomber sur la tête, à partir d'octobre 2009, les événements m'ont rapidement ramené sur terre et à ces valeurs fondamentales en tête desquelles figure la famille. Quand vous vivez des moments pénibles, le cercle de vos amis se rétrécit comme une peau de chagrin. Il reste la famille, qui est là, qui vous soutient et vous encourage en toutes circonstances. Aujourd'hui, j'ai retrouvé la joie de voir grandir mes enfants. À l'époque où je travaillais dix-huit heures par jour, je les entrevoyais à peine. Aujourd'hui, je passe quotidiennement beaucoup de temps avec eux et je suis à la trace leur parcours scolaire, leurs activités sportives et le développement de leurs intérêts dans toutes sortes de domaines. J'en tire une grande satisfaction et une immense sérénité.

Au cours des dernières années – que ce soit à la barre de la commission Charbonneau, dans le cadre de ma collaboration avec l'UPAC ou lors d'interventions ponctuelles dans les médias –, j'ai tenté de faire en sorte que les choses bougent dans la bonne direction pour l'industrie de la construction. Je l'ai fait en toute honnêteté et en tout respect, sans attaquer nommément les personnes, mais en dénonçant le système avec vigueur, pour que la population réagisse et exerce les pressions nécessaires sur un gouvernement qui, autrement, ne ferait même pas semblant d'agir. C'est dans cet esprit que j'ai mené mes interventions, car il n'est pas vrai que, collectivement, nous aurons fait tout ce chemin pour retomber dans les mêmes travers.

Mais je ne passerai pas toute ma vie à dénoncer. En ce sens, la rédaction de ce livre – qui a été un exercice extrêmement libérateur – marque pour moi la fin d'un certain parcours. Il faudra bientôt que je passe à autre chose.

Pour l'instant, il demeure difficile de faire des projets, tant que ma peine n'est pas terminée. Qu'il s'agisse de trouver un emploi, de lancer une compagnie ou d'ouvrir un compte bancaire d'entreprise, les perspectives sont assez limitées quand on a un casier judiciaire, qu'on purge une sentence et qu'on est gouverné par un couvre-feu rigoureux. Au moment de la publication de cet ouvrage, il reste un an à ma peine, laquelle sera suivie d'une période de probation de trois ans. Après, je n'aurai plus de comptes à rendre à personne.

Entre-temps, j'essaie de trouver des projets intéressants qui puissent me permettre de gagner honorablement ma vie. Cependant, même si les contours de mes éventuels projets d'avenir demeurent encore très flous, une chose est certaine : la construction, c'est terminé pour moi. D'abord, c'est un milieu qui – comme je l'ai souligné – n'a pas vraiment changé. Ça ne m'intéresse pas de retourner dans une industrie où je retrouverais les mêmes façons de faire et les mêmes pratiques douteuses. Ensuite, j'ai tellement dénoncé le système et les joueurs en place que je suis brûlé, comme on dit, dans ce domaine. Plein de gens se méfieraient de moi, éprouveraient toutes sortes de craintes, et aucun ingénieur n'accepterait de travailler avec moi. C'est une option à exclure sans hésiter.

Mais je sais que, en temps et lieu, des avenues vont s'ouvrir et je trouverai ma niche. Je suis un entrepreneur-né. J'aime les poussées d'adrénaline que procure la prise de risques liée au démarrage d'une entreprise. Je sais que je mettrai quelque chose sur pied, quelque chose d'intéressant et de stimulant qui me motivera à donner le meilleur de moi-même.

Mais je suis bien conscient que, peu importe le métier que j'exercerai dans dix ou quinze ans, je suis un homme marqué à vie. Au Québec, il y aura toujours un astérisque à côté du nom Zambito. J'ai pris trop de place dans l'espace public au cours des dernières années pour qu'il en soit autrement. Ce qui me désole le plus dans cette situation, c'est que mes enfants auront à porter ce nom. Je veux tout mettre en œuvre pour que ce ne soit jamais un handicap pour eux. C'est, de loin, ma priorité la plus importante.

Index

Remerciements

Ce livre boucle pour ainsi dire la boucle d'une saga personnelle, professionnelle et judiciaire dont j'aurais nettement préféré qu'elle ne se produise jamais. Mais si ce livre existe finalement, c'est parce que plusieurs personnes, chacune à sa façon, y ont contribué de près ou de loin et je veux les en remercier chaleureusement.

D'abord, merci à mes enfants John, William et Kate, qui ont subi, à l'école et ailleurs, plus que leur part de moqueries et de moments d'insécurité en raison de la notoriété improbable de leur père. Merci à leur mère, qui les a consolés, protégés et aimés avec toute la tendresse possible pendant ces temps difficiles.

Toute ma reconnaissance va aussi à mes parents, qui ont largement partagé avec moi ces années d'intenses émotions, qui se sont constamment inquiétés de mon sort et m'ont hébergé au plus fort de mes difficultés, en plus de m'avoir inculqué les valeurs qui m'ont permis de traverser avec succès ces épreuves.

Merci à l'ensemble de ma famille et en particulier à mon oncle Jean Rizzuto, pour sa présence constante, son soutien et sa générosité.

Merci à ma préparatrice physique privée Véronique Groulx, qui au cours des sept dernières années a veillé à mon bien-être physique et mental, ainsi qu'à Stefano Lanni, qui vient de prendre la relève.

Merci à mes avocats Mes Conrad Lord, Mathieu Poissant et Jean-Daniel Debkoski, qui m'ont défendu avec dévouement, ardeur et professionnalisme.

Merci à toutes les personnes qui, au fil des dernières années, m'ont témoigné leur sympathie et leur appui.

Merci à toute l'équipe de la commission Charbonneau, qui m'a traité avec égard et respect, que ce soit durant la préparation de mon témoignage ou pendant ma présence à la barre.

Merci à mon agent Michael Roy, qui m'a guidé avec compréhension et efficacité dans l'univers inconnu pour moi de l'édition.

Merci à Serge Rivest pour son écoute et sa capacité à traduire ma pensée avec clarté et élégance.

Merci enfin à toute l'équipe des Éditions de l'Homme, de Pierre Bourdon qui a mis le projet en branle à Liette Mercier qui l'a mené à son terme avec un brio remarquable.

Table des matières

Suivez-nous sur le Web

Consultez nos sites Internet et inscrivez-vous à l'infolettre pour rester informé en tout temps de nos publications et de nos concours en ligne. Et croisez aussi vos auteurs préférés et notre équipe sur nos blogues!

EDITIONS-HOMME.COM
EDITIONS-JOUR.COM
EDITIONS-PETITHOMME.COM
EDITIONS-LAGRIFFE.COM

Achevé d'imprimer au Canada